Couverture inférieure manquante

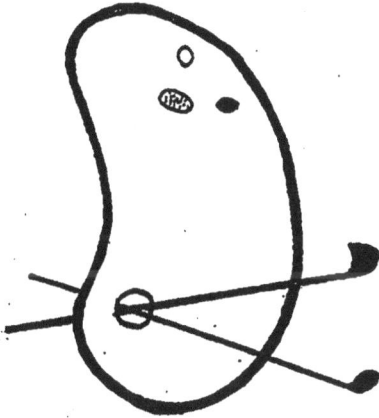

DEBUT D'UNE SERIE DE DOCUMENTS EN COULEUR

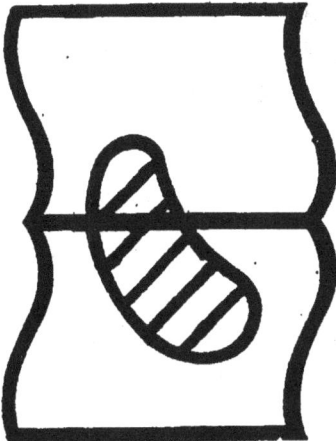

Illisibilité partielle

# J. SANCHEZ LOZANO

# Manuel
## de
# Tauromachie

### Traduit de l'Espagnol

#### par

### AURÉLIEN DE COURSON

PARIS
L. SAUVAITRE, ÉDITEUR
Librairie Générale
72, BOULEVARD HAUSSMANN, 72
1894

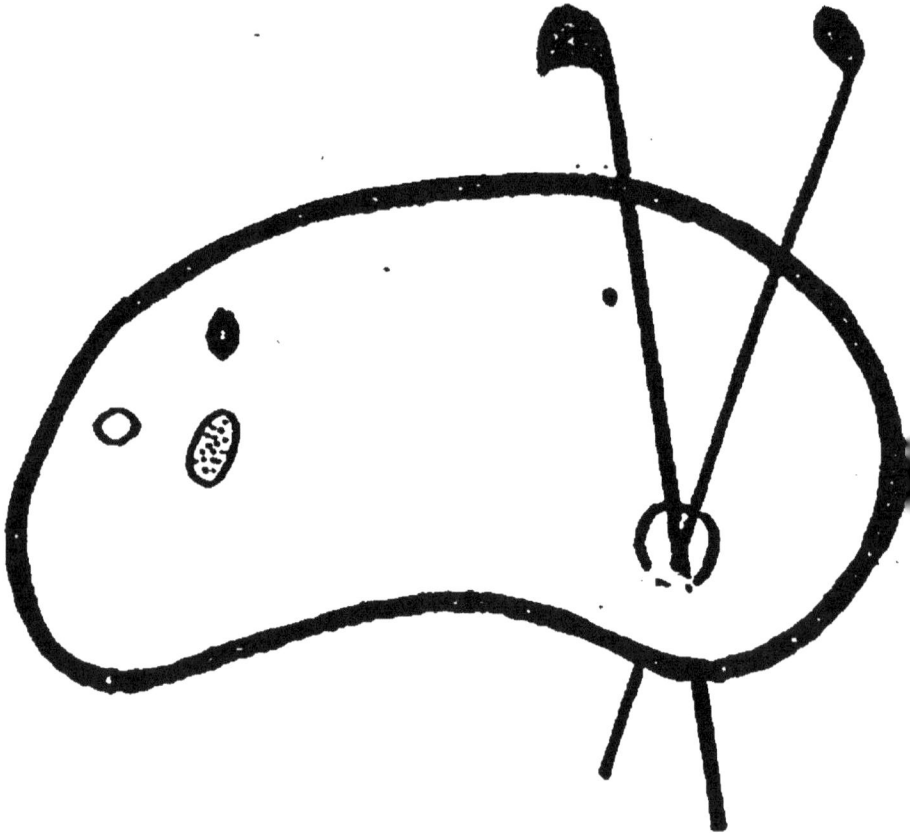

FIN D'UNE SERIE DE DOCUMENTS
EN COULEUR

63

# MANUEL

## DE

# TAUROMACHIE

## AVIS

—

*Le lecteur trouvera à la page 264 un vocabulaire des expressions techniques employées le plus souvent dans le courant de cet ouvrage.*

J. SANCHEZ LOZANO

# Manuel

de

# Tauromachie

ou

## GUIDE DE L'AMATEUR DE COURSES DE TAUREAUX

TRADUIT DE L'ESPAGNOL

avec l'autorisation de

MM. FRANCISCO ALVAREZ y Cᵃ, ÉDITEURS A SÉVILLE

PAR

## AURÉLIEN DE COURSON

PARIS

L. SAUVAITRE, ÉDITEUR

Librairie Générale

72, BOULEVARD HAUSSMANN, 72

1894

LE TAUREAU ESCRIBANO, DE UDAETA
(*D'après* La Lidia, *Revue tauromachique.*)

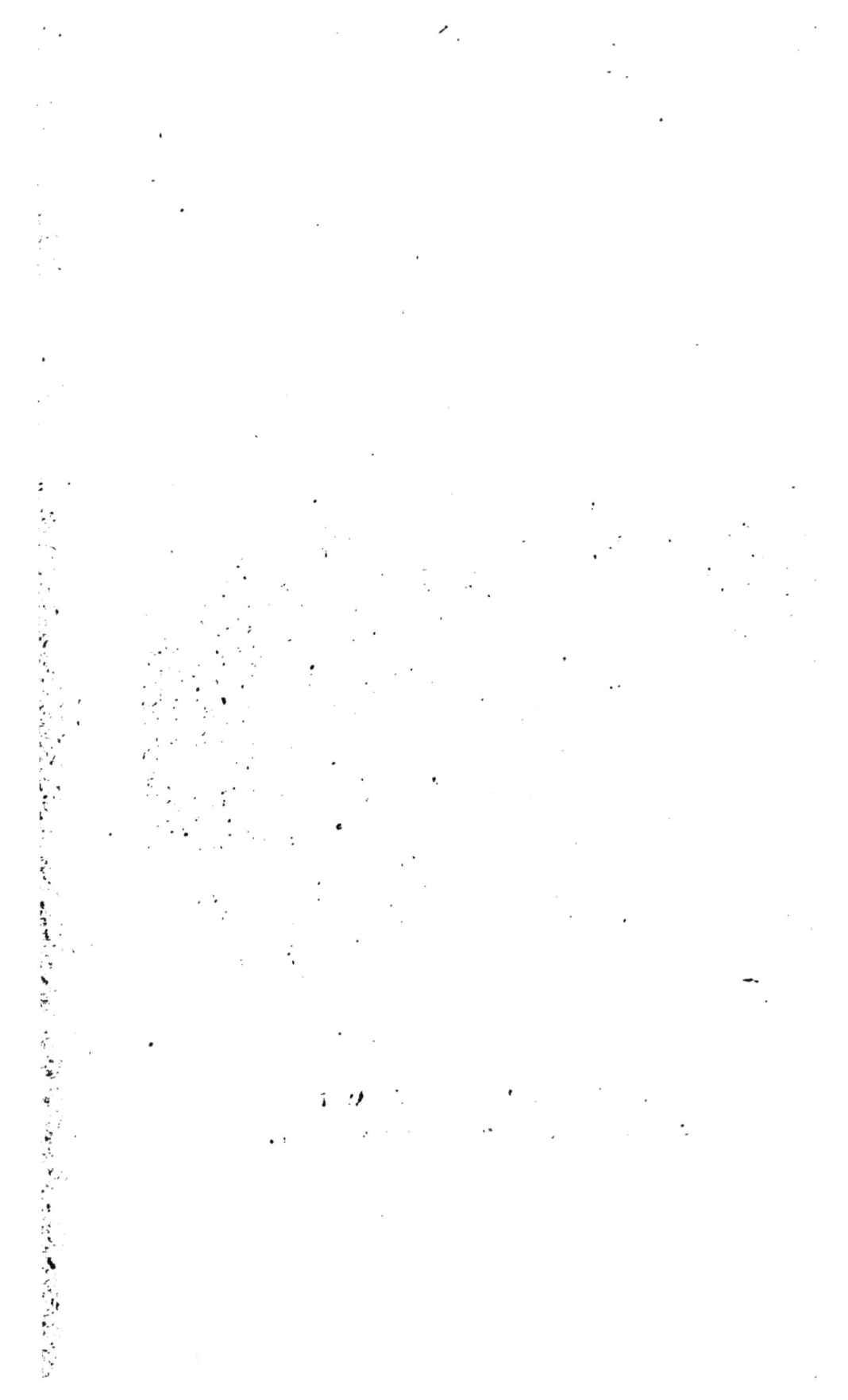

# INTRODUCTION

## ORIGINE DES COURSES DE TAUREAUX

L'origine des fêtes tauromachiques se perd dans la nuit des temps ; pas la moindre petite lueur ne vient guider vos recherches au milieu de ces ténèbres épaisses. Il est seulement permis de conjecturer que les premiers démêlés du taureau et de l'homme datent du jour où celui-ci, comprenant tout le parti qu'il pourrait tirer du puissant quadrupède, se vit obligé d'inventer des moyens pour le vaincre, malgré sa force et son indomptable bravoure.

Ce n'est pas dans notre péninsule qu'eurent lieu les premiers combats de taureaux mentionnés par l'histoire — combats encore sauvages et ne ressemblant que de loin à nos modernes corridas.

Les habitants de la Mauritanie, de la Thessalie et de plusieurs autres pays excellaient,

paraît-il, dès l'époque la plus reculée, à *lacer*
ou à renverser les animaux en leur passant une
perche sous l'arrière-train, étant à cheval, et,
étant à pied, à les *travailler* avec la capa.

L'empereur Jules César inaugura dans le
cirque les combats de taureaux, exercices
qu'il jugeait intéressants et agréables au
peuple. Depuis lors, les athlètes en vogue re-
gardèrent comme mettant le sceau à leur réputation d'héroïsme les actions d'éclat accom-
plies par eux en luttant avec le monstre.

On croit généralement que l'introduction de
la tauromachie en Espagne date de ce moment:
nous n'en avons aucune preuve. Dans tous les
cas, si la chose est exacte, les invasions et les
changements de races dont fut si fréquemment
témoin notre pays y firent oublier ou proscrire
la pratique des combats de taureaux.

L'ère mémorable de la lutte pour la délivrance
du territoire, les huit siècles employés par les
fils de Pélage à reconquérir leur liberté et à
secouer le joug étranger, voilà, sans aucun
doute, l'époque où l'on commença chez nous à
courir le taureau. Pendant cette période de
guerres perpétuelles, les sectateurs d'Allah vou-

lant être continuellement à même de satisfaire leur humeur belliqueuse et craignant, dans les rares moments de trêve, de voir s'engourdir leur bras et s'endormir leur activité, mirent en honneur les combats de taureaux. Les anciens cirques de Mérida, Cordoba, Tarragone, Tolède, Murviedro, etc., devinrent leurs principaux centres de réunion.

Telle fut l'idée générale qui inspira aux envahisseurs du sol espagnol le goût des fêtes tauromachiques, fêtes bientôt placées par eux au-dessus de tous les autres plaisirs.

Les Musulmans furent donc, en Espagne, les véritables initiateurs de la tauromachie, pour laquelle, nous le répétons, ils montrèrent une prédilection particulière dès son origine, c'est-à-dire dès le milieu du X⁰ siècle. Mais les défenseurs de la Croix voulant, dans leur noble orgueil, rivaliser en tout avec leurs ennemis séculaires, se passionnèrent à leur tour pour les courses de taureaux qui se transformèrent bientôt en spectacle national.

D'après le témoignage unanime de nombreux documents dignes de foi relatifs au sujet dont nous nous occupons, le fils de Lain Calvo,

juge suprême de Castille, le fameux don Ro-
drigo Diaz de Vivar, fut, en 1040, le premier
adalid chrétien que l'on vit, à cheval et armé de
la lance, combattre des taureaux dans l'arène.
Il éclipsa, ce jour-là, tous les chevaliers maures,
à la grande fureur des satellites du Croissant,
et au grand enthousiasme du roi de Castille
Ferdinand I et de tous les spectateurs ennemis
de Mahomet.

Arabes et chrétiens continuèrent depuis lors
à mesurer leur adresse et leur intrépidité sur
ce nouveau terrain ; mais les seconds surpas-
sèrent bientôt leurs rivaux d'une façon écla-
tante. Les infidèles se virent obligés de renoncer
à la lutte.

Les courses de taureaux atteignent bientôt
après leur plus haut degré de splendeur et de
galanterie ; la noblesse tout entière, les rois
eux-mêmes regardent comme un honneur de
descendre dans l'arène, armés de la lance ou du
*rejon*[1].

Pendant la domination de la Maison d'Au-
triche, de nombreuses fêtes tauromachiques

[1] Espèce de demi-pique.

sont données en l'honneur do divers souverains : Charles V et Philippe IV prennent une part active à quelques-unes d'entre elles.

A cette époque, on commence à abandonner la lance pour les *rejoncillos*[1] ; beaucoup de grands seigneurs se distinguent par la façon brillante dont ils manient ces armes. Citons parmi les plus célèbres : les ducs de Cantillana, Bonifaz, Maqueda, Medina-Sidonia et Zarate ; le marquis de Mondéjar ; les comtes de Villamediana et de Tendilla ; les chevaliers Lara, Pueyo, Canal, Camarasa, Pizarro, Pena, Rivadia, Chacon, Villamayor et Gallo. Ce dernier est l'inventeur de l'armure que les *picadores* portent pour préserver leurs jambes.

L'avènement des Bourbons est pour les *corridas de toros* le signal d'une importante transformation. L'aristocratie, jadis si enthousiaste do ce genre de sport, déserte peu à peu l'arène, sous l'influence d'idées exotiques, et finit par ne plus jouer dans les fêtes que le rôle de simple spectatrice. Les autres classes de la société y participent néanmoins d'une façon

[1] Diminutif de *rejon*.

active ; l'art de la tauromachie se perfectionne sensiblement en devenant accessible à tous, mais tend à dégénérer en spéculation.

Francisco Romero, natif de Ronda, lui fait faire un pas gigantesque dans la nouvelle voie en introduisant la *muleta* et l'épée dans la dernière phase du combat. Son exemple est suivi par les frères Juan et Pedro Palomo qui se font applaudir de tous sur les principales arènes, de 1740 à 1748.

Juan Romero organise plus tard les *cuadrillas de picadores* et de *rehileteros*. Ses successeurs Pedro Romero, Pepe Hillo, Cándido, etc., achèvent de perfectionner l'art dont Pedro Romero a fixé les moindres détails.

Avec Jerónimo José Cándido, vers 1760, s'opère un schisme dans la méthode de combattre les taureaux. Ce *lidiador* s'écarte autant qu'il le peut des règles établies par les Romero, dont le principe fondamental était que devant la bête le *torero* se servît le moins possible de ses jambes ; il admet dans sa méthode une mobilité propre à rendre les *suertes*[1] plus variées et plus animées.

---

[1] On pourrait traduire à peu près par *passes.*

Le résultat de cette innovation est la fondation des écoles rivales de Séville et de Ronda. (Le mot *écoles* nous semble impropre, car on ne peut enseigner deux manières de courir les taureaux, pour la bonne raison qu'il n'en existe qu'une : le mérite de la chose consiste dans la manière plus ou moins parfaite dont on procède.)

# LIVRE PREMIER

# LE TAUREAU

# MANUEL

### DE

# TAUROMACHIE

## CHAPITRE PREMIER

### LE TAUREAU. — SES QUALITÉS. — SON ÉLEVAGE.

Le taureau, *Bos Taurus L.*, appartient à la classé des mammifères ongulés, ordre des ruminants.

L'espèce comprend une infinité de races de caractères divers : on trouve des taureaux féroces ou paisibles, à longues ou à courtes cornes, de petite ou de grande taille. Dans cet ouvrage spécial, nous nous occuperons seulement du *toro bravo*, ou taureau sauvage.

La vache porte neuf mois. Le jeune veau est sevré à huit, époque à laquelle il devient indé-

pendant de sa mère. Comme tous les animaux
de sa classe, le taureau possède un tube diges-
tif très large. Son estomac est divisé en quatre
compartiments appelés : l'herbier, le réseau,
le feuillet et la caillette. Cette disposition permet
à l'animal de ruminer, c'est-à-dire d'opérer une
seconde mastication des aliments absorbés.
L'herbe emmagasinée pendant un temps plus
ou moins long dans les deux premiers compartiments, remonte dans la bouche sous forme
de boulettes ; le taureau la mâche plus soigneusement en l'humectant de salive, ce qui favo-
rise son entrée dans le feuillet. De là elle pénètre enfin dans la caillette, où s'opère sa *chi-
mification.*

Le pied du taureau se compose de deux
doigts se séparant à la naissance de l'ongle
qui les protège. Ses cornes, formées d'un assemblage de poils agglutinés, poussent à peu
près perpendiculairement à la tête. Coniques
et légèrement recourbées à leur extrémité supérieure, elles constituent pour l'animal des
armes redoutables.

La vie du taureau ne se prolonge guère au
delà de quinze ans.

On peut, à juste titre, considérer le *toro bravo*

comme la bête la plus noble et en même temps la plus redoutable de la création. Sa vaillance naturelle, jointe à la conscience de sa force, le porte à attaquer sans se soucier du péril. Il ne combat point pour dévorer ensuite son adversaire, comme les animaux carnassiers, mais seulement pour vaincre. Il ne le fait jamais trattreusement ; le premier objet venu s'interposant entre lui et l'ennemi qu'il poursuit devient immédiatement le nouveau but de sa fureur.

Le taureau est fort peu intelligent ; c'est ce qui permet à l'homme de se mesurer avec lui. A de rares exceptions près, il combat toujours de la même façon et attaque de front ; il en résulte que, si l'on ne perd pas son sang-froid, on parvient facilement à éviter ses atteintes. Bien plus, quand on a pu observer tant soit peu le caractère de l'animal avec lequel on est aux prises, on finit par diriger ses mouvements à volonté.

Par nature, le taureau n'est pas foncièrement méchant; seulement les bons instincts qu'il peut avoir disparaissent aussitôt qu'un motif quelconque vient exciter sa colère. Nous pourrions appuyer notre assertion de nombreux exemples ; nous nous contenterons de rapporter le fait suivant dont nous garantissons l'authenticité.

Plusieurs taureaux provenant d'une *ganaderia* connue étaient dirigés sur une *plaza* importante de l'Andalousie. Non loin du point de destination, l'un d'eux, s'échappant du troupeau, parvint à se cacher dans une propriété voisine. Aussitôt qu'on eut découvert la retraite de l'animal, le berger de la *torada* qui avait soigné celui-ci depuis sa naissance partit à sa recherche. Sans rien craindre, il marcha droit au fugitif, lui parla avec amitié, le flatta de la main, et, finalement, lui passant un bras par dessus le garrot, il le ramena tranquillement au bercail. Eh bien ! ce même taureau, si doux et si affectueux pour son maître, fit montre, pendant la course qui eut lieu dans l'après-midi du même jour, d'une bravoure peu commune ; il ne tomba qu'après avoir affronté trente-deux fois la *garrocha* des *picadores* et tué sept chevaux. Le berger dont nous venons de parler habite aujourd'hui aux environs de Séville ; il pleure encore comme un enfant quand il raconte l'anecdote qu'on vient de lire, ou d'autres relatives à son taureau favori.

L'élevage du *toro bravo* doit être considéré comme un luxe plutôt que comme une spéculation, car bien rares sont les cas où l'on voit un *ganadero*[1] être dédommagé de ses importants déboursés et des soins délicats exigés par une pareille entreprise. Pour élever des taureaux de course, il ne suffit pas d'avoir à sa disposition d'excellents pâturages; il faut en outre, à la tête de l'exploitation, une direction intelligente s'occupant de détails multiples et tous d'une extrême importance, tels qu'écarter le bétail des herbages nuisibles, opérer judicieusement les croisements afin d'améliorer le type de la race, et cent autres dont nous aurons l'occasion de parler dans le courant du présent ouvrage.

La perfection d'un produit dépend principalement de son origine et du soin avec lequel on a choisi ses père et mère. Le taureau reproducteur doit être distingué de formes et irréprochablement constitué ; c'est-à-dire court d'encolure, large de poitrine, bien *armé*. Mais il importe, par dessus tout, qu'il soit de bonne race et d'une bravoure éprouvée.

[1] Propriétaire des troupeaux de taureaux, vaches et bœufs composant l'exploitation ou *ganaderia*. Du mot *ganado*, bétail *(Note du traducteur)*.

Mêmes qualités à rechercher dans la vache.

Il faut que les reproducteurs ne soient ni trop jeunes, ni trop vieux. Dans le premier cas, les produits obtenus, quoique braves et énergiques, manqueraient de corpulence et de puissance musculaire ; dans le second, ils pécheraient par défaut d'ardeur. Il convient que la vache et le taureau aient à peu près le même âge, ou, sinon, que le mâle soit le plus âgé, sans dépasser jamais huit ans. L'un et l'autre, la chose est indispensable, doivent être en chaleur au moment de l'accouplement.

Que les vaches soient couvertes en temps propice, sur un terrain suffisamment vaste, où les animaux se trouvent à l'aise et ne risquent ni de se blesser ni de se bousculer entre eux.

Aux *mayorales*[1] et aux *vaqueros* incombe le devoir d'être au courant de ces détails, et de bien d'autres encore dont la connaissance est, pour eux le fruit d'une longue expérience ; les propriétaires de *castas bravas* agiront donc toujours sagement en ne méprisant pas les avis

---

[1] Les *vaqueros* ont pour chef le *mayoral*, ou vacher en chef. Quand le *ganadero* ne s'occupe pas personnellement de l'exploitation, il est suppléé par un *conocedor*, ou intendant expert en la matière (Note du traducteur).

des hommes du métier. « La pratique seule fait les maîtres », a dit la Sagesse des nations.

Jusqu'à ce que le jeune taureau ait un an accompli, il y a peu à s'occuper de lui; il a passé les premiers mois de son existence avec les vaches et n'a demandé aucun soin. A deux ans, on le soumet à l'épreuve de la *tienta*, épreuve ayant pour but de connaître son plus ou moins de courage, afin de savoir à quel usage le destiner. S'il est admis comme taureau de *plaza*, il passe dans une catégorie spéciale, et, à dater de ce jour, on met tout en œuvre pour porter au plus haut point ses qualités physiques.

A partir de trois ans, le taureau bien soigné se développe rapidement; sa force, qui n'est méprisable à aucune époque de sa vie, atteint alors un degré prodigieux.

Les taureaux s'élèvent en terrain clos, ou dans de vastes pâturages ouverts (*dehesas*) éloignés des centres habités. On remarque que ceux qu'on élève en terrain clos sont les plus agiles.

Le taureau reçoit successivement les noms de : *añojo*, à un an; d'*eral*, à deux; d'*utrero*, tant qu'il ne dépasse pas trois et demi; de *cuatreño*, aux approches de quatre; enfin celui de *toro*, au-delà de cet âge.

# CHAPITRE II

## HERRADEROS ET TIENTAS.

Ces opérations renommées ont une telle importance que nous croyons devoir leur consacrer un chapitre spécial.

Le *herradero*, celle qu'on pratique généralement la première, a pour objet d'imprimer sur la peau des nouveaux produits du troupeau la marque de leur propriétaire.

La fête du *herradero* — nous pouvons lui donner ce nom, vu les réjouissances multiples auxquelles elle sert de prétexte — la fête du *herradero* a lieu lorsque les jeunes animaux ont dépassé leur première année.

Les veaux séparés des mères sont conduits dans un *corral*[1] communiquant avec un autre immédiatement voisin. On les fait passer tour à tour du premier dans le second : chaque taurillon est saisi et terrassé par les bouviers qui,

[1] Sorte d'enclos ou cour.

le maintenant à terre, lui impriment au fer rouge, sur la croupe, du côté droit généralement, la marque de la *torada*[1] (on y ajoute parfois un numéro matricule). On met ensuite un peu de boue dans la brûlure, puis on lâche le veau après lui avoir coupé un bout de l'oreille.

Tandis que ces péripéties se déroulent, le *ganadero* inscrit les jeunes taureaux sur un registre destiné à cet usage. Il prend en note diverses indications utiles à connaître, telles que : le nom, la robe, les parents des animaux présentés.

Il existe quelques *vacadas* où les propriétaires ne marquent pas le bétail au fer rouge, mais se contentent de le rendre reconnaissable au moyen d'une sorte de verrue produite par une incision que les *vaqueros* pratiquent au fanon de chaque bête, peu de temps après sa naissance. Ce signe distinctif est appelé *mamella*.

La *tienta* est une opération plus importante encore que le *herradero*. Les jeunes produits, appelés pour la première fois à soutenir l'honneur et la réputation de leur caste, sont plus

[1] Troupeau composé de taureaux. Un troupeau formé exclusivement de vaches reçoit le nom de *vacada* (Note du traducteur).

âgés qu'au moment où ils ont été marqués ; le degré de bravoure qu'ils déploieront pendant l'épreuve décidera de leur sort futur. Les opinions sur la *tienta* en elle-même et sur la façon dont elle doit se pratiquer sont très variées. Il faut éprouver seulement les femelles, disent les uns; les mâles seulement, prétendent les autres. D'autres encore soutiennent qu'on obtient de tout aussi bons résultats en n'éprouvant ni les veaux ni les génisses.

En réalité, si l'on éprouve uniquement les mâles ou les femelles, on s'expose à voir dégénérer le *trapio*[1] et diminuer la bravoure de la race. Il est facile de comprendre que, dans de pareilles conditions, on a la moitié moins de chances d'obtenir un produit brave.

Quand on éprouve scrupuleusement les mâles et les femelles, on arrive à maintenir les troupeaux dans les conditions physiques et morales les plus favorables, et par là même à voir s'accroître concurremment le nombre des animaux des *toradas* et la renommée de celles-ci.

Les propriétaires qui n'éprouvent ni les mâles

---

[1] Le mot type ne traduit pas tout à fait exactement *trapio*. On en trouvera plus loin la définition (*Note du traducteur*).

ni les femelles ne sauraient passer pour éleveurs de *toros bravos*.

Il existe deux procédés de *tienta* : la *tienta en
toril* et la *tienta por acoso*. Le premier consiste à
éprouver le taureau dans un terrain clos disposé
à cet effet. La *tienta por acoso* s'opère de la
manière suivante : on poursuit l'animal, on le
renverse et on l'oblige à faire tête au moment où
il se relève.

Quoique la *tienta en toril* soit la plus usitée
en Espagne, la seconde méthode nous parait
mieux atteindre le but proposé. Le veau éprouvé
au *toril* se rencontre nez à nez avec le *tentador*
dans une enceinte restreinte, dont les murs
élevés lui ôtent toute velléité de fuite. Obligé de
faire de nécessité vertu, il y a bien des chances
pour qu'il attaque vaillamment; mais devra-
t-on en conclure d'une façon certaine qu'il est
véritablement brave? Autre inconvénient :
quand on opère de la sorte, il est pour ainsi
dire impossible de déterminer avec certitude si
un taureau est franc, ou hésite à l'attaque; si
ses *arrancadas*[1] sont longues ou courtes, et
autres particularités de son caractère que peut

[1] Action du taureau qui s'élance sur l'adversaire.

seule révéler la *tienta por acoso*. En employant
cette dernière méthode, si la jeune bête est
douce, elle commencera par fuir hors de portée de la *garrocha*; mais si elle fait tête, aucun
doute ne pourra subsister relativement à sa
bravoure.

La *tienta* au toril est facile à expliquer ; nous
la laisserons de côté et nous nous occuperons
exclusivement de la *tienta por acoso* dont nous
venons de signaler les avantages.

Pour la réaliser, on choisit un terrain vaste
et plat, sur lequel on conduit le bétail à éprouver,
c'est-à-dire les mâles de deux ans et les
femelles de trois. Arrivé au susdit terrain qu'on
appelle *ruedo* ou *rodeo*, on forme d'avance les
*colleras*, ou couples de *derribadores*[1], hommes
à cheval armés de *garrochas*[2] de quatre vares
de long et d'un demi-pouce de pointe.

Les *derribadores* écartent du *rodeo* la bête
qu'ils veulent éprouver et la renversent. A
ce moment, la *collera* se disjoint. Le veau se
relève et se dispose à rejoindre le troupeau ;

[1] Substantif formé du verbe *derribar*, renverser (Note
du traducteur).
[2] La *garrocha* ou *vara* est une sorte de perche armée d'un
petit aiguillon triangulaire (Note du traducteur).

mais il trouve la route barrée par le *tentador*
qui, placé à distance régulière, l'excite par des
gestes. En pareil cas, un taureau courageux
attaquera le cheval et supportera une piqûre de
*garrocha*. Fréquemment on verra l'animal, au
lieu de fuir, affronter une seconde *vara*[1], mais
il est très rare que l'*eral* attaque une troisième
fois sans être poursuivi. S'il le fait, on peut le
regarder comme une bête de beaucoup de sang.

Quelquefois le veau prend la fuite au premier
coup de pointe. Dans ce cas, la *collera* se lance
à sa poursuite et le renverse de nouveau. Le
*tentador* répétant trois fois sa manœuvre, s'il
n'obtient aucun résultat, c'est-à-dire si l'animal
ne répond pas à la provocation, on tient le
taureau pour lâche et on lui coupe le bout de
l'oreille, afin de le signaler bon seulement pour
les *novilladas*[2], la boucherie ou les usages agri-
coles.

Il y a certaines bêtes qu'on n'arrive pas à
renverser, parce qu'aussitôt sorties du *rodeo*,
elles font tête à la *collera*. Cette circonstance

---

[1] Une seconde piqûre de *vara*.
[2] Courses d'un ordre inférieur dans lesquelles figurent
seulement de jeunes taureaux ou *novillos*, et auxquelles
prennent souvent part des amateurs (Note du traducteur).

est très remarquée, car elle indique chez le
taureau une bravoure peu commune.

L'épreuve terminée, un propriétaire intelligent et soigneux consigne sur un registre les
particularités observées pendant la *tienta* de
chaque animal reconnu bon pour la course :
nombre de piqûres supportées, puissance des
jambes, manière de se servir de la tête, etc., etc.;
en un mot, tous les détails aidant à porter un
jugement sur ses aptitudes physiques et sur
son caractère.

En Andalousie, la plupart des *ganaderos*
éprouvent leur bétail pendant les mois d'au-
tomne ; ils le font *por acoso* pour les mâles,
au *toril* pour les femelles.

La *tienta*, comme le *herradero*, est un diver-
tissement de premier ordre, auquel le propriétaire de la *torada* invite tous les *diestros*[1] et
tous les *aficionados*[2] de ses amis. Il les reçoit
splendidement; la plus aimable gaieté et la
plus franche cordialité ne cessent de régner
pendant ces jours de fête.

[1] *Diestros*, hommes de la caste des *toreros*.
[2] Amateurs.

# CHAPITRE III

## Trapio. — Pinta. — Cornes.

On appelle *trapio* l'ensemble des qualités physiques déterminant si un taureau est d'un bon ou d'un mauvais modèle.

Pour être de bon *trapio*, un taureau doit répondre aux conditions suivantes : avoir le poil luisant, dru, fin et soyeux ; les jambes sèches et nerveuses ; les articulations saillantes et souples ; les pieds petits et ronds ; les cornes bien plantées, suffisamment longues et de bonne couleur (c'est-à-dire fines et noires, ou tout au moins foncées) ; la queue longue, épaisse et flexible ; les oreilles velues et mobiles ; les yeux noirs et vifs.

Chaque région de l'Espagne, chaque *caste* de taureaux a son *trapio* particulier que reconnaissent sans s'y tromper quelques fins *aficionados*. Les produits de Colmenar Viejo, quand ils sont purs, ont une grande puissance dans les jambes, ce qui fait qu'au commencement do la course, ils ne s'acharnent pas longtemps contre les *picadores*. Lorsqu'ils allaquent ceux-ci, ils se comportent bravement et sont durs aux piqûres. Avec les gens de pied, ils sont ardents et agiles. Si on ne les travaille pas dans toutes les règles, ils se montreront méfiants quand arrivera la phase suprême du combat et se défendront longtemps.

Les taureaux portugais, castillans, salamanquais et navarrais ne sont pas aussi estimés que les précédents. Les portugais sont braves, mais manquent de brio dans l'arène, parce qu'ils ont été déjà soumis aux exercices du *toreo*[1]. Les castillans et les salamanquais sont lâches et fuyards ; ils ont beaucoup de *jambes* : on a renoncé à les courir. Enfin les navarrais, bien que courageux et francs à l'attaque, ne plaisent pas à la généralité du public, à cause de leur petite taille qui les fait ressembler à des *novillos*.

Les taurophiles entendent par le mot *pinta* la robe du taureau. — Disons-le en passant, la couleur du poil n'influe en rien sur les qualités de l'animal. Pourtant il est incontestable qu'un

---

[1] Art du *torero*. — Le mot *toreador* dont on se sert en France n'est pas usité en Espagne.

taureau noir a meilleure apparence qu'un taureau *jabonero* ou *ensabanado*. C'est pour cette
raison, sans doute, que certains éleveurs ont
une prédilection exclusive pour telle ou telle
robe, en dehors de laquelle ils ne voient point
de salut, et non parce qu'ils s'imaginent que les
taureaux d'une couleur sont plus braves que
ceux d'une autre. Les taureaux de Lesaca sont
noirs ou couleur cendre; ceux de Cordoba pies;
ceux de Ripamilan ou de Carriquiri marrons.

La liste des nombreuses variétés de robes
présentées par les animaux de l'espèce bovine
est difficile à établir d'une façon précise ; nous
donnerons à la fin de ce volume la nomenclature
la plus généralement adoptée par les *aficionados*
des différentes provinces d'Espagne.

Nous l'avons dit précédemment, les cornes
du taureau sont coniques, lisses, et formées
par une succession de cornets emboîtés les uns
dans les autres.

Elles commencent à pousser dès les premiers
mois de l'existence de l'animal, sortant à droite
et à gauche du chignon et formant avec la

* *Jabonero*, blanc très sale. *Ensabanado*, dont les
lombes, l'assemblage des côtes et les extrémités sont
blancs.

tête un angle se rapprochant de 90°. Elles con-
tinuent à croître dans cette direction jusqu'à
deux ans ou un peu plus, époque à laquelle
elles penchent en avant en se recourbant, la
pointe en l'air. Telle est du moins leur disposition chez le taureau réputé bien *corné,* dont les
*armes,* pour être parfaites, doivent être en
outre de longueur modérée, luisantes et de
couleur sombre.

La corne se divise en deux parties : la pointe
ou *piton* à l'extrémité supérieure, comprenant
une longueur de quatre ou cinq centimètres, et
la *pala* qui s'étend de la pointe au sillon
marquant son point de séparation d'avec la
tête. Elle est l'arme offensive et défensive du
taureau. Ce dernier peut lui imprimer une force
comparable à celle d'une balle de fusil : on
le voit souvent percer un morceau d'étoffe lancé
en l'air, ou arracher de ses gonds une porte
d'un poids prodigieux.

Les cornes de beaucoup de taureaux sont
défectueusement plantées. Nous signalons à
la fin de notre manuel les différentes dispositions qu'elles peuvent présenter.

# CHAPITRE IV

## Conditions auxquelles doit répondre un taureau de combat.

Si l'on veut que les courses de taureaux soient ce qu'elles doivent être, c'est-à-dire un passe-temps agréable et non un spectacle où l'on tremble constamment pour la vie des *diestros,* il est indispensable d'apporter le plus grand soin dans le choix des animaux. Avec un taureau trop vieux, faible, petit, ou y voyant mal, les *suertes,* on le comprendra sans peine, ne peuvent s'exécuter. Le taureau de combat doit être brave et prompt à se servir de ses armes. Lâche, il n'amuse pas le public ; il réduit à néant les péripéties de la lutte ; il empêche le *torero* de briller, tout en étant infiniment plus dangereux pour lui qu'un taureau courageux : comme il manque de vigueur, il n'a pas l'énergie nécessaire pour fournir une course convenable.

Les conditions de race, de poids, de santé et

de poil sont les principales à rechercher quand on choisit un taureau de combat. Mais avant tout, il faut s'assurer que l'animal n'a jamais été couru.

Le taureau doit être de race connue, parce que, si tous les taureaux de race ne sont pas fatalement braves, du moins y a-t-il bien des chances pour qu'une bête issue de parents courageux soit plus vaillante qu'une autre dont les père et mère sont inconnus, et ont peut-être vécu à l'état domestique. Les taureaux de bonne lignée ont encore pour eux l'avantage d'une éducation plus soignée ; gardés à part et n'ayant jamais eu de rapports avec les vaches, ils sont plus vigoureux. Ajoutons à leur actif l'épreuve de la *tienta* supportée victorieusement. Si par aventure on éprouve les *cuneros*[1], on ne le fait jamais avec le même scrupule et la même méthode que pour les premiers, d'où il résulte que, la plupart du temps, ils trompent les espérances de leur *conocedor*.

L'âge est la seconde chose à considérer chez le taureau de combat. C'est entre cinq et sept ans que l'animal se montre le plus apte aux

[1] Taureau de provenance inconnue.

exercices de la *plaza* ; su vaillance, à cette
époque, atteint son maximum. En même temps,
il possède encore la vivacité et la naïveté suffi-
santes pour qu'on puisse le courir. Plus jeunes,
les taureaux sont hésitants dans leurs attaques.
Plus vieux, ils ne distraient pas les spectateurs ;
désormais trop rusés pour se laisser tromper
par l'*engaño*, ils cherchent le corps de l'adversaire, et, quand ils en arrivent à leurs fins, ils
assouvissent sur lui leur rage. On devrait interdire formellement de courir de pareils taureaux, d'autant plus que, nous le répétons, ils
assomment généralement le public, car ils s'arrêtent à chaque instant pour guetter le *diestro*,
obligeant ce dernier à s'épuiser en manœuvres
inutiles, et finissant généralement par l'atteindre.

On trouve pourtant quelquefois des taureaux
complètement formés à quatre ans, voire même
à trois et demi. Comme exemple de taureaux
précoces, citons *Trespicos*, veau de la *vacada*
de Concha y Sierra, pesant cinq cents kilos à
l'âge de trois ans, qui fut couru à Séville en
1846. Notre héros envoya à l'infirmerie neuf
*picadores* et un *banderillero*, et tua par dessus
le marché dix chevaux tenus en réserve dans
les écuries.

Quand on choisit un taureau, il est prudent d'examiner ses dents et ses cornes, afin de vérifier s'il a bien réellement l'âge que lui donnent ses propriétaires, car messieurs les éleveurs ne se montrent pas toujours très scrupuleux à cet égard. Vers neuf mois[1], les pinces caduques sont chassées par leurs remplaçantes, plus grandes et plus blanches. Au bout de six mois, le rasement de celles-ci est déjà commencé. A trois ans, sortie des autres incisives de remplacement. A six, toutes les dents sont jaunes et rasées.

Pour reconnaître l'âge d'un taureau à ses cornes, on compte les sillons ou cercles transversaux visibles à l'endroit où se soudent entre eux les différents cornets dont elles sont formées. Le premier paraît à trois ans, et, depuis lors, il s'en produit un nouveau chaque année, de sorte que, par exemple, les

[1] Il existe bien moins d'exactitude dans les signes fournis par les dents du taureau que dans ceux tirés des dents du cheval. Certaines races sont beaucoup plus précoces que d'autres; néanmoins, ce n'est pas sans étonnement que nous lisons que les pinces caduques tombent à neuf mois chez le taureau espagnol. Chez le taureau français la chose a généralement lieu entre dix-huit et vingt mois.

(Note du traducteur.)

cornes d'un taureau de cinq ans présenteront trois cercles[1]. En disant reconnaître l'âge d'un taureau à ses cornes, nous sous-entendons l'âge à quelques mois près; car parfois la nature semble, on ne sait pourquoi, se plaire à tromper nos calculs en avançant ou retardant son œuvre.

Entre plusieurs taureaux de qualités égales, il faut choisir celui de tous qui réunit les meilleures conditions de poids, c'est-à-dire qui est d'un poids moyen. Un animal trop maigre manque d'énergie, est trop sensible aux piqûres, et n'a pas la puissance physique, compagne ordinaire de l'embonpoint. Les taureaux trop gras ne valent pas mieux pour la course : ils sont lourds, s'estropient facilement, et, s'immobilisant au milieu de l'arène, rendent impossible l'exécution des *suertes*.

Le poil également a son importance chez le taureau. Ne pas confondre la *qualité du poil* avec la *pinta*, qui peut être de toute couleur. Le poil doit être luisant, dru, soyeux et doux

[1] En réalité, une pousse de corne a lieu chaque année, mais les deux premiers sillons sont peu marqués et paraissent ignorés de la plupart des éleveurs.

(*Note du traducteur.*)

au toucher. Les taureaux possédant un pareil poil sont dits *taureaux fins* : à mérite égal, ils sont préférables, pour la course, aux taureaux plus vulgaires.

Parlons maintenant de la santé. Il est indispensable qu'un taureau de *plaza* soit absolument sain, sans glandes ni tumeurs, et ne porte pas sur le corps de marques de vésicatoires indiquant qu'il a été ou est encore plus ou moins malade. Un animal maladif ou convalescent ne peut, la chose est reconnue, faire bonne figure dans l'arène. Il faut se montrer particulièrement attentif en ce qui concerne la vue des taureaux destinés à la course : ceux qui ont de mauvais yeux sont très difficiles à *torear*[1]. Les taureaux myopes ou presbytes (*burriciegos*) sont dangereux à combattre. Les taureaux borgnes, quoique bons pour certaines *suertes*, sont infernaux pour d'autres ; aussi ne devrait-on jamais les courir.

Nous voici arrivés à la dernière et à la plus importante des conditions que doit présenter

[1] Action de l'homme faisant évoluer le taureau d'après les règles de l'art tauromachique. Nous ne pouvons traduire cette expression que très imparfaitement par « travailler le taureau ». (Note du traducteur.)

un taureau de *plaza* : celle de ne jamais avoir été soumis aux exercices du *toreo*, surtout en champ clos. L'animal déjà couru est impropre au combat, quand bien même il réunit toutes les autres qualités possibles ; il mécontentera également spectateurs et *toreros* (ces derniers à d'autant plus juste titre que leur vie se trouvera en grand péril tout le temps de la course).

La tauromachie possède des règles infaillibles, grâce auxquelles l'homme peut tromper la férocité du taureau. Ces règles sont fondées sur la stupidité de la brute qui fond avec une rage aveugle sur le leurre qu'on lui présente, et passe sans l'atteindre à côté du *torero*, pour la plus grande joie du public, fanatique d'un spectacle véritablement sans rival. Mais, quand il s'agit de taureaux déjà courus, les conditions ne sont plus les mêmes. Les animaux appartenant à cette catégorie ont appris à distinguer le corps de l'adversaire derrière l'*engaño*. Méprisant le leurre, ils savent bien où diriger leurs furieuses attaques. Ils connaissent la sortie du *diestro* dans les différentes *suertes* : sitôt qu'ils le voient se disposer à en *consommer* une, ils commencent immédiatement à manœuvrer de façon à lui couper la retraite. S'ils y parviennent, malheur à l'homme qui se rencontrera à portée de leurs cornes !

De semblables taureaux sont l'opprobre de l'art, la mort des *toreros*, et soulèvent les tolle des antitauristes.

L'emploi d'animaux ayant été déjà courus est si fertile en conséquences désastreuses, qu'on devrait l'interdire d'une façon radicale : afin d'éviter toute erreur, on marquerait d'un signe indélébile les taureaux sortis vivants de l'arène; toute tentative de fraude à ce sujet serait sévèrement punie.

# CHAPITRE V

## CLASSIFICATION DES TAUREAUX PAR RAPPORT A LA SUERTE DE VARA.

Au point de vue moral aussi bien qu'au point de vue physique, tous les taureaux ne se ressemblent pas ; aussi a-t-on dû établir une classification de leurs diverses qualités ou inclinations, permettant de ranger dans une même catégorie les individus qui présentent des particularités identiques. On verra plus loin à quel point la connaissance desdites particularités est indispensable pour l'exécution des *suertes*, qui se pratiquent en employant les moyens les mieux appropriés aux aptitudes et au caractère de chaque animal.

Dans cet ordre d'idées, on divise les taureaux en :

*Boyantes,*
*Revoltosos,*
*Que se ciñen,*
*Que ganan terreno,*
*De sentido,*
*Avantos,*
*Burriciegos.*

Sont dits *boyantes*, francs ou clairs, les taureaux qui, très courageux par nature, se
montrent braves sans défaillance pendant toute
la durée de la course, et chez lesquels on observe, dans toute leur vivacité, les inclinations
typiques de l'espèce. Les *boyantes* sont excellents pour toutes les *suertes*; ils conservent
toujours leur terrain; ils suivent tellement bien
l'*engaño* qu'ils semblent obéir, comme des animaux dressés, à la volonté du *torero*. Avec de
pareils taureaux, la vie de l'homme ne court
aucun danger.

On appelle taureaux *revoltosos* ou *celosos*
ceux qui, possédant toutes les qualités des
*boyantes*, sont plus acharnés à poursuivre l'adversaire, ce en quoi ils sont aidés par la faculté
dont ils jouissent de faire rapidement demi-
tour sur les jarrets. Ils *appuient sur les mains*,
quand on les banderille et suivent l'*engaño* du
regard, cherchant à deviner ce qu'il est devenu,
au moment où on le leur fait passer par dessus
la tête. Avec les *revoltosos*, le *torero* doit déployer une plus grande somme d'agilité qu'avec
les *boyantes*; mais par contre les premiers se
prêtent merveilleusement à l'exécution brillante de toutes les *suertes*.

Les taureaux *que se ciñen*, bien que suivant parfaitement l'*engaño*, passent très près du corps de l'homme, dont ils foulent presque *le terrain*[1]. Ils combattent, eux aussi, d'une façon brillante, et sont peu dangereux pour le *torero*, pourvu toutefois qu'on ait soin de leur laisser une sortie suffisante et de les *détacher* le plus possible, surtout dans les passes de *muleta*.

On nomme taureaux *que ganan terreno* ceux qui, étant en *suerte*[2], commencent à se rapprocher du *diestro*, soit en lui coupant le terrain, soit en suivant le *terrain de dehors*. Il est important de distinguer deux catégories chez les taureaux de ce type. Les uns gagnent du terrain dès la première *suerte* — c'est leur manière naturelle d'attaquer — les autres ne le font qu'à la seconde, après s'être vus trompés dans leur première attaque. Ces derniers, s'ils ont l'habitude de poursuivre l'homme jusqu'à la barrière, sont dangereux à combattre quand

[1] L'espace compris entre le centre de l'arène et l'endroit où l'homme et le taureau se rencontrent est dit *terrain du taureau* ou *de dehors*; le *terrain de l'homme* s'étend de ce point à la barrière.

[2] Etant, au moment de commencer la *suerte*, à la limite commune des deux terrains. Le *torero prépare* la *suerte*, la charge, la *consomme* et en *sort*.

on ne prend pas de très grandes précautions.

Les taureaux *de sentido* ne sont pas dupes de l'*engaño*; ils cherchent constamment le corps de l'homme. Quelquefois, il est vrai, ils foncent sur le leurre; mais c'est dans l'espoir d'atteindre le *torero* dissimulé derrière l'étoffe. Avec de pareils animaux, la lutte est semée de périls; fort heureusement, l'art du *toreo* donne au *diestro* les moyens de se tirer d'affaire.

Pepe Hillo, dans sa *Tauromachie*, admet l'existence d'une seconde classe de taureaux *de sentido*. Elle comprend une variété de taureaux qui s'attaquent indifféremment à tout objet frappant leur vue, sans beaucoup tenir compte des appels et des provocations. Pour nous, d'accord avec plusieurs écrivains aussi autorisés qu'Hillo, nous estimons que ces animaux ne doivent pas être appelés *de sentido* ni figurer dans une catégorie spéciale, car les particularités observées en eux se rencontrent, chez certains individus, dans toutes les classes de taureaux. Il conviendrait plutôt à notre avis de les nommer *taureaux douteux*.

Certains taureaux peu courageux fuient à la vue du *torero* et esquivent les *suertes*. On les appelle *avantos*. Ce nom s'applique également aux taureaux qui chargent l'adversaire, puis, dominés par la peur, se dérobent vivement au moment d'arriver à *jurisdiccion*[1] et sortent de *suerte* par n'importe quel terrain (souvent en renversant le *diestro*). Quelques-uns attaquent d'abord avec impétuosité, mais, au moment où le *lidiador*[2] charge la *suerte*, s'arrêtent devant l'*engaño*, hésitant s'ils doivent le suivre ou l'abandonner. Les taureaux dits *bravucones* sont tout simplement des *avantos* un peu plus courageux que les autres : ils font moins d'*arrancadas* ; à proximité du leurre, ils sautent de côté en ruant, ou demeurent indécis au centre de la *suerte*, sans achever leur attaque.

Pour les *burriciegos*, il convient avant tout de déterminer le genre de défectuosité de leurs organes visuels. C'est à cette défectuosité qu'il faut attribuer leur façon d'attaquer absolument anormale, et par là même si périlleuse pour l'homme. Les taureaux *burriciegos* se classent en trois catégories différentes, suivant qu'ils y voient : bien de près et peu ou point de loin ; bien de loin et mal de près ; mal de près et de loin.

[1] Limite de l'action offensive de l'homme et du taureau étant en *suerte*, chacun sur son terrain.

[2] Combattant : du mot *lidia*, combat (Note du traducteur.)

En présence d'un animal de la première ca
tégorie, le *torero* doit se placer à courte distance de son adversaire, afin que celui-ci le
distingue assez nettement pour pouvoir répondre à son appel. Rapide comme la foudre,
le taureau fond sur l'homme avec toute la violence de ses instincts féroces. S'il conserve
encore *beaucoup de jambes* et si, d'autre part,
le *torero*, se trouvant dans le cas contraire, ne
se tient pas sur ses gardes, la position de celui-
ci est critique. Avec de pareils taureaux, d'ailleurs, on ne court aucun danger dès qu'on a pu
se faire une opinion sur leur caractère, car ils
ne suivent pas le *bulto* et passent assez loin de
lui. Même quand ils observent le voyage[1] ils
ne *font pas pour le corps*, la distance qui les en
sépare leur paraissant plus grande qu'elle ne
l'est en réalité.

On doit déployer beaucoup de circonspection
avec les *burriciegos* de la deuxième catégorie.
N'y voyant pas bien, ils foncent au hasard sur
les objets placés devant eux, et comme le *bulto*[2]

[1] Direction suivie par l'homme ou le taureau. On *impose*
le voyage au taureau en lui présentant un objet voyant
quelconque sur lequel il se précipite.
[2] Le corps de l'adversaire.

est le plus apparent de ceux-ci, ils portent principalement sur lui leurs efforts. Il ne faut pas
s'éloigner d'eux en dehors de *suerte*, car ils
aperçoivent alors distinctement le *diestro* et
courent sur lui sans s'inquiéter du manteau.
Dans ce cas, la vie de l'homme est gravement
menacée.

Les taureaux du troisième groupe sont les
plus faciles à combattre : ne distinguant pas
bien la direction du voyage, il est rare qu'ils
poursuivent l'adversaire jusqu'à la barrière.
Leur mauvais côté est d'être lourds, et d'avoir
des propensions à *aplomarse*[1].

On pourrait à la rigueur former une qua-
trième classe de *burriciegos* avec les taureaux y
voyant bien d'un œil et mal de l'autre ; mais il
serait futile d'établir une distinction entre eux
et les taureaux borgnes, puisque les uns et les
autres présentent des inconvénients identiques
et se courent de la même façon.

Considérés spécialement au point de vue de
la *suerte de vara*, les taureaux dans leur ensemble se partagent seulement en quatre

[1] S'arrêter, demeurer immobiles, bien d'aplomb sur les
quatre pieds.

groupes principaux. Ils sont : *boyantes*, *pega-josos*, *que recargan*, ou *avantos*.

Reçoivent le qualificatif de *boyantes* les tau reaux courageux qui prennent leur terrain — nous expliquerons plus loin le sens de cette phrase — à la première invite du *picador*. Piqués dans les règles, ils ne sont nullement dangereux pour l'homme. Les *boyantes* se sub-divisent en *blandos*, *duros* et *secos*. Les *blandos* (taureaux mous) sont très sensibles à l'aiguil-lon et ne serrent pas l'ennemi de près ; ils sortent généralement de *suerte* en ruant et en tordant l'encolure d'un air de souffrance. Les taureaux *duros* poussent sur la pointe de la *garrocha ;* ils ne lancent pas de ruades et ne tournent pas la tête comme les précédents. Les taureaux *secos*, à peine hors de *suerte*, re-viennent pour chercher un nouvel adversaire.

On appelle *pegajosos* (collants) les taureaux qui, ayant la sortie libre, restent au centre de la *suerte*, donnant sans interruption des coups de tête en l'air, et s'efforçant d'arriver au *bulto*. S'ils obtiennent ce résultat, ils désarment *picador* et s'acharnent sur lui, sans s'inquiéter du châtiment. De tels taureaux, on le comprend sans peine, sont fatalement *duros*.

Les taureaux *que recargan* (qui chargent de nouveau) s'avancent sur la *garrocha*. Dès qu'ils en sentent la pointe, ils sortent de *suerte*, comme pour prendre leur terrain ; mais aussitôt libres, ils reviennent sur l'adversaire et l'attaquent avec furie. Ils se montrent parfois aussi acharnés que les *pegajosos*. Pour les piquer impunément, il faut de vigoureux gaillards.

. On donne le nom d'*avantos* aux animaux qui s'arrêtent à regarder le *picador*. Souvent ils se retirent sans avoir affronté la *vara*. Parfois ils supportent un coup de pointe, mais au lieu de *pousser sur le fer*, ils donnent désespérément des coups de tête dans le vide. Avec eux le *diestro* doit avoir le bras robuste et veiller à ne pas se laisser désarçonner.

# CHAPITRE VI

Avant de rendre le dernier soupir, le taureau lâché dans l'arène passe par trois états différents. Ces trois états, il importe de les bien distinguer entre eux et d'en connaître exactement les limites, si l'on veut *torear* d'une façon correcte. A chacun d'eux, en effet, correspondent des *suertes* spéciales, qu'on ne tenterait pas dans les deux autres sans s'exposer à un péril imminent.

Le taureau est successivement : *levantado, parado* et *aplomado.*

Au moment où il sort du *toril*, l'animal porte la tête haute ; il charge sur tous les objets voyants, sans s'acharner particulièrement contre aucun, et parcourt l'arène à toute vitesse. On dit alors qu'il est *levando* (levé). Dans cet état, il ne laisse encore paraître aucune tendance particulière ; il montre seulement le maximum

de vigueur de ses jambes, galopant sans s'arrêter,ou, s'il le fait, reprenant aussitôt sa course.
L'exécution des *suertes* est presque impossible
avec les taureaux *levantados* qui ne donnent·
pas aux *diestros* le temps de s'armer[1], ni même
de prendre position devant eux. Néanmoins,
quand par un hasard extraordinaire on se
trouve en mesure d'en tenter une, on opère en
toute sécurité : les taureaux, emportés par
leur élan, ne reviennent pas sur l'adversaire
et n'inquiètent pas sa retraite. Les taureaux *de
sentido* eux-mêmes, tout comme les *sencillos*[2],
chargent inconsidérément à l'état de *levantados*. Echappés du *toril* où ils ont été tenus enfermés à l'étroit, ils courent follement dans
l'arène, avides surtout d'espace ; ils attaquent
sans conviction et sont incertains dans la poursuite.

On reconnaît que les taureaux passent à l'état
de *levantados* quand ils cessent de galoper
étourdiment, chargeant seulement désormais
les objets placés à distance raisonnable. Cet
état est le plus favorable à l'exécution de *suertes*;
les animaux conservent encore *assez de jambes*

[1] Se mettre en disposition d'exécuter la suerte.
[2] Naïfs, sots.

pour les exécuter, tout en ayant perdu leur première ardeur. On peut alors observer les particularités de leur caractère et se rendre compte de leurs *querencias* éventuelles qui deviendront nettement déterminées quand ils seront *aplomados.*

Le dernier état du taureau dans le cirque, celui *d'aplomado*, est sans conteste le moins amusant pour le public et le plus dangereux pour le *torero.* Voici sa caractéristique :

Si le taureau étant *parado* a pris une *querencia*, maintenant il ne s'en éloigne plus. S'il n'en a pas pris, il en adopte une *naturelle. Il fuit peu pour les objets* rapprochés de lui, et néglige absolument ceux qui sont hors de sa portée. Il refuse obstinément les *suertes*, soit en ne suivant pas le *leurre*, soit en *n'humiliant*[1] pas.

Souvent la transition entre les trois états dont nous venons de parler est difficile à saisir, car ces états ne se manifestent pas identiquement chez tous les taureaux. Néanmoins, comme ils se produisent fatalement chez tous les animaux de l'espèce, il est très utile de savoir les distinguer entre eux d'une façon précise.

[1] Action du taureau baissant la tête pour frapper.

Lorsqu'on a découvert à quelle classe appartient un taureau et que l'on se rend bien compte de l'*état* dans lequel il se trouve actuellement, on connaît exactement le moment opportun pour tenter chaque *suerte*.

Quelques animaux — ils sont fort peu nombreux — conservent des jambes jusqu'au dernier moment. Ceci provient, la plupart du temps, de ce qu'ils ont été mal ou insuffisamment travaillés.

La connaissance des *querencias* est aussi une chose capitale. On appelle *querencia* (préférence) un point quelconque de l'arène pour lequel le taureau manifeste une prédilection particulière en y revenant constamment, soit après un temps de galop, soit à l'issue d'une *suerte*. Il y a des *querencias naturelles* et des *querencias accidentelles*. La porte d'entrée de la *plaza* et celle du *toril* sont des *querencias* naturelles. Les *querencias* accidentelles sont celles que prend le taureau à côté d'un cheval mort, près de la barrière, à une place du *redondel* où la terre est plus meuble et plus fraîche qu'ailleurs, etc., etc.; en un mot, partout où il croit se trouver dans les conditions les plus favorables pour se défendre ou pour se reposer.

TAUROMACHIE                              3

·Le taureau, quand il a pris une *querenciu*, fait irrégulièrement ses *arrancadas* ; il faut donc le travailler avec soin et en se conformant scrupuleusement aux règles établies qui assurent la brillante exécution des *suertes*. Dès qu'il connaît la *querencia*, le *lidiador* doit veiller à ce que son adversaire, revenant à son lieu de prédilection, le fasse par le *terrain de dehors*. Si le taureau prend le terrain de l'homme, ce dernier est exposé à se voir embroché de face ou de flanc, en un mot il court le risque d'un *cogi·la*[1] funeste.

Pour combattre sans danger les bêtes qui ·ont des *querencias*, on doit les *voir venir* et leur laisser le passage libre du côté de leur refuge ordinaire.

Les *querencias* peuvent parfois se détruire ; il faut dans tous les cas tenter d'obtenir un pareil résultat, car alors le taureau sera plus facile à combattre. Pour y parvenir, on pique le taureau aux flancs ou à la croupe au moment où il revient en *querencia*, ou bien on l'inquiète avec des manteaux, jusqu'à ce qu'il consente à s'éloigner. Dans beaucoup de localités, on

[1] Prise, action du taureau atteignant le *diestro*.

procède en plantant à l'animal une paire de *banderillas* à la partio postérieure. Nous n'approuvons pas cette manière d'agir, car le taureau, préoccupé par le battement des bois contre son corps, ne combat plus d'une façon régulière.

# CHAPITRE VII

## Cabestros. — Encierros. — Ordre dans lequel doivent se courir les taureaux.

En raison du rôle important qu'ils jouent dans toutes les phases de la vie du taureau, nous croyons devoir consacrer quelques lignes aux *cabestros*.

On appelle ainsi des bœufs dressés par les *vaqueros* — ils sont généralement âgés — et destinés à la garde et à la surveillance du *ganado bravo*.

Les *cabestros* sont intelligents, adroits, obéissants; l'éducation développe d'une façon tellement surprenante leurs merveilleux instincts naturels, que certains de leurs actes vous laissent pénétré d'une véritable admiration.

Leur concours est indispensable dans les *vacadas* pour surveiller le bétail; pour empêcher les taureaux de s'écarter du troupeau et d'aller faire quelque mauvais coup dans les campagnes voisines; pour séparer, à l'époque voulue, les

jeunes produits de leurs mères et les bêtes en
chaleur de celles qui ne le sont pas, ou con-
duire une fraction du troupeau à un endroit
déterminé.

Grâce au *cabestro*, l'homme peut chevaucher
tranquillement devant quinze ou vingt bêtes
redoutables. Pendant les marches, la croupe
du cheval du conducteur du troupeau touche
presque la tête du bœuf de *trailla* (de pointe). A
côté et derrière celui-ci, les taureaux et les autres
bœufs suivent en masse compacte. Tantôt on
va doucement, tantôt l'on prend les allures
vives.

Il arrive parfois qu'une bête se détache de
la bande et s'enfuit au loin. Sur un commandement du *mayoral*, les *cabestros* s'arrêtent
court ; les autres animaux les imitent. Les bouviers choisissent alors deux ou trois bœufs
parmi les mieux dressés et les lancent à la poursuite du déserteur. Les *cabestros* sentent son
odeur bien avant de le voir. Aussitôt qu'ils l'ont
aperçu, ils courent à lui, l'entourent, l'en-
traînent insensiblement vers le troupeau. C'est
un intéressant spectacle que de les voir manœuvrer, lorsque le taureau ne les suit pas de
son plein gré : ils vont, viennent, tournent, se

rapprochent de lui, le poussent dans la direc-
..on de la *torada*, lui barrent le passage quand
il veut s'en écarter et redoublent leurs efforts
jusqu'à ce qu'ils aient accompli leur tâche.

Les *mayorales* soignent leurs bœufs, les ca-
ressent, les gâtent comme des enfants. Les *cabestros* témoignent en retour un véritable atta-
chement à leurs maîtres dont ils savent distinguer la voix.

Dans leurs rapports continuels avec l'homme,
ils en arrivent à comprendre un très grand
nombre de phrases. Tous ils connaissent leur
nom, les cris « à droite » ! « à gauche » ! etc., etc.
Un bon *cabestro*, la chose est reconnue, tourne
d'un côté ou de l'autre, au commandement,
sans jamais commettre d'erreurs.

Une opération dans laquelle les bœufs
rendent des services inappréciables, c'est celle
de l'*encierro* des taureaux choisis pour la course.
Grâce à eux, ladite opération s'effectue facilement. Voici comment on la pratique.

Les taureaux et leurs *cabestros*, réunis dans
un lieu voisin de la ville où doit avoir lieu la
course, se mettent en marche vers le cirque à
l'heure convenue d'avance. Ils cheminent pai-
siblement jusqu'à proximité de la porte d'en-

trée de la *plaza*, à laquelle conduisent deux palissades s'avançant au dehors de 50 à 80 vares. Cette sorte d'entonnoir reçoit le nom de *manga* ou *mangada*.

Aussitôt arrivés en vue de la *mangada*, les bouviers commencent à presser le troupeau en poussant de grands cris. Avec leurs frondes et par des coups, ils accélèrent son allure, afin de l'empêcher de se débander.

Taureaux et bœufs s'engouffrent dans la *mangada* comme une avalanche et débouchent sur le *redondel*. Le cavalier de tête se sépare alors rapidement du troupeau, abandonnant les animaux à eux-mêmes. Les *cabestros* s'engagent dans les *callejones*[1] conduisant aux différents *toriles*, pêle-mêle avec les taureaux, ou seuls si ces derniers ne les ont pas suivis. Lorsque pareil cas se produit, les bœufs reviennent dans l'arène, rejoignent leurs compagnons, et, après s'être mêlés à eux, entrent de nouveau dans les *callejones*. Il est bien rare qu'ils soient obligés d'exécuter une seconde fois la même manœuvre pour entraîner les taureaux.

Les *callejones* aboutissent au *corral de apar-*

---

[1] Sortes de ruelles entre les *toriles*.

*tado*, où l'on sépare les bœufs des taureaux en faisant sortir les premiers dans le *redondel* par une porte à coulisse s'ouvrant et se fermant avec une telle rapidité qu'elle ne peut livrer passage à plus d'un animal en même temps. Les taureaux une fois seuls, on ouvre la porte des *chiqueros*[1] que l'on éclaire par des trous pratiqués au plafond. On éteint ensuite toutes les autres lumières. L'on chasse alors les taureaux dans les *callejones*, en les tourmentant avec des *castigadoras*, sortes de perches plus longues que les *garrochas* ordinaires et terminées par une pointe plus courte Par un jeu de portes à coulisses, on sépare les animaux en fractions de deux au plus. Les compartiments formés par les cloisons mobiles donnent sur les *chiqueros*. Pressés par les *castigadoras*, cherchant à la fois le repos et la lumière, les taureaux se précipitent dans les cellules dont les portes sont aussitôt fermées sur eux au moyen d'une corde fixée au loquet.

L'*encierro* terminé, on souffle les dernières lumières qui restent encore allumées dans la *plaza*, et on laisse les bêtes se calmer dans l'obscurité et le silence.

[1] Sortes de petites cellules étroites. Une trappe est pratiquée au plafond de chacune d'elles (Note du traducteur).

L'action de faire sortir les taureaux des *chiqueros* s'effectue facilement : on leur ouvre la porte, on les chasse dans le *callejon*, et, par le procédé de tout à l'heure, on les amène à l'endroit voulu.

Si tous les taureaux qui doivent figurer dans une journée de courses appartiennent à la même exploitation, on les lâchera dans l'arène suivant l'ordre fixé par leur propriétaire, ordre que les *diestros* se font un point d'honneur d'accepter sans conteste. Mais si les bêtes sont de provenances différentes, on se conformera au rang d'ancienneté des *ganaderias*; le taureau de la plus ancienne sortira le premier et celui de la plus jeune le dernier. Dans l'hypothèse où l'on courrait deux taureaux de la première, ils devraient ouvrir et fermer la séance.

Le nombre des animaux présentés par chaque *torada* étant parfois inégal, nous allons, avec la permission du lecteur, étudier quelques cas où l'ordre de préséance pourrait sembler difficile à établir.

Si deux *ganaderias* seulement fournissent le bétail, on lâchera alternativement un taureau de l'une et de l'autre, en commençant toujours par un animal de la plus ancienne.

Si l'on court quatre taureaux appartenant à la *ganaderia* la plus ancienne et deux appartenant à la plus jeune, ces derniers occuperont les numéros 3 et 4 du programme.

Si on a cinq taureaux de la *ganaderia* la plus ancienne, et un seulement de la plus jeune, celui-ci sera lâché le second (le sixième dans quelques localités).

Terminons ce chapitre en donnant la solution d'un cas assez compliqué :

On doit courir deux taureaux de *Saltillo*, un de *Lafitte*, deux de *Varela*, et un de *Moreno*. Comment faudra-t-il les faire sortir ?

Ils seront lâchés dans l'ordre suivant :

1° Un *Saltillo* ;
2° Un *Lafitte* ;
3° Un *Varela* ;
4° Un *Moreno* ;
5° Un *Varela* ;
6° Un *Saltillo*.

# CHAPITRE VIII

## PRINCIPALES GANADERIAS. — MARQUES ET COULEURS.

La marque que les éleveurs impriment au fer rouge sur leur bétail a le grave défaut d'être généralement difficile à distinguer de loin ; aussi, pour permettre au public de la *plaza* de reconnaître la provenance des taureaux courus, on leur attache aux *rubios*', au moyen d'une petite pointe en fer de lance, un signe apparent appelé *divisa*. Il se compose d'un assemblage de rubans dont la couleur varie suivant les *ganaderias*.

Dans les fêtes de gala ou de bienfaisance, on remplace la *divisa* par la *moña*, qui diffère seulement de la première par une confection plus luxueuse et par la plus grande longueur des rubans.

Nous croyons être utiles et agréables à nos lecteurs en leur donnant, à la fin du volume, la liste des marques et couleurs des diverses *ganaderias*.

---

' Partie du corps qui se trouve au-dessus du garrot (Note du traducteur).

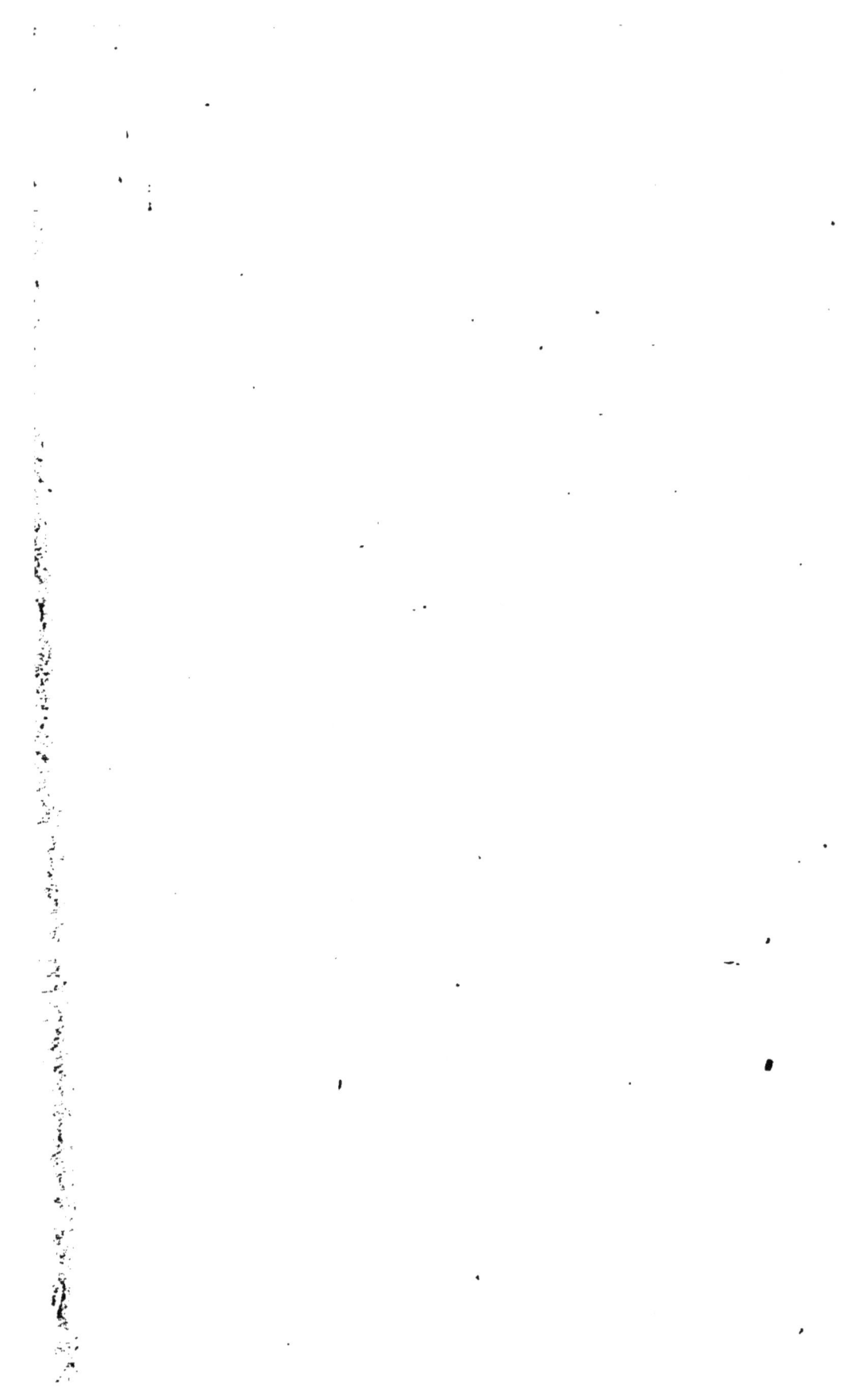

# LIVRE DEUXIÈME

---

# LES DIESTROS

# CHAPITRE I

## LE TORERO. — SES INSIGNES DISTINCTIFS.

Celui qui fait profession de combattre les taureaux dans l'arène en se conformant aux règles de l'art reçoit le nom de *lidiador* ou de *torero*.

Le métier de *torero* était jadis considéré comme vil. Les lois *de Partida* déclaraient infâme et inhabile à témoigner en justice *quiconque pour de l'argent luttait contre des bêtes féroces* (L. IV, titre 6 de la 7ᵉ *Partida*; L. X, titre 16 de la 3ᵉ *Partida*). Le pape Pie V lança contre les *toreros* l'excommunication majeure, les privant de la sépulture chrétienne au cas où ils seraient tués dans le cirque. Néanmoins, avec le temps, la réprobation dont était frappé le *lidiador* alla s'amoindrissant. Celui-ci jouit aujourd'hui d'une considération justifiée par ses nombreuses qualités morales, considération telle que les personnes du rang

le plus élevé recherchent son amitié et sa société.

Le *torero*, étudié avec impartialité, offre le
vrai type espagnol dans toute sa pureté : il est
gai, généreux, loyal, insouciant, brave et cha-
touilleux sur le point d'honneur. En général,
il manque d'éducation première ; mais du jour
où il embrasse la profession de *lidiador*, un
changement favorable s'opère immédiatement
en lui. Ses manières se polissent; ses heu-
reuses dispositions naturelles, ses sentiments
chevaleresques se manifestent plus ouverte-
ment. Dans la fréquentation des classes supé-
rieures de la société, il acquiert peu à peu l'ins-
truction qui lui faisait défaut.

Si l'on veut se convaincre de la véracité de
nos assertions, que l'on consulte la statistique
criminelle publiée dans la *Gaceta* du 26 octobre
1878 : sur 15,963 condamnés présents à cette
époque dans nos différents bagnes, l'on comptait
seulement cinq *toreros*. On ne saurait donc,
sans injustice, conserver à l'égard du *lidiador*
les préjugés d'un autre âge, c'est-à-dire le regarder comme un être dépravé et digne de
mépris. Il est tout aussi bon citoyen que ses
détracteurs, et, sous le rapport de la générosité

et de l'honneur, il l'emporte sur beaucoup de gens auxquels l'on prodigue les marques du respect. En l'affirmant, je suis bien sûr de n'être démenti par aucun de ceux qui furent témoins de l'action héroïque d'Antonio Carmona, au chemin de fer de Valencia. La station, ce jour-là, était encombrée de voyageurs ; un grand nombre d'entre eux doivent certainement la vie au dévouement du *diestro*[1].

Comme tenue de ville, le *torero* porte un costume fait pour lui donner un air dégagé et coquet : pantalon à taille montante, veste courte, ceinture étroite en crêpe de Chine, chemise luxueuse ornée de riches boutons, petit chapeau *calañes* ou chapeau mou à larges bords. Les *picadores* s'habillent de la même façon ; on en rencontre pourtant avec la culotte courte et les guêtres brodées.

On ignore comment étaient vêtus les *lidiadores*, à l'origine du *torero*; il est probable que chacun choisissait le costume le mieux adapté au rôle qu'il était appelé à jouer dans le combat.

---

[1] Plusieurs taureaux venaient d'arriver à Valencia. L'un d'eux s'échappa de sa cage, et se precipita à travers la gare. Antonio Carmona, tirant son paletot et s'en servant en guise de capa, attira sur lui l'animal furieux et donna ainsi le temps aux voyageurs de se mettre en lieu sûr.

Plus tard, quand l'art commença à se régulariser, les maistrances royales équipèrent à leurs
frais les *diestros* prenant part aux *corridas* or-
ganisées par elles, ou du moins leur donnèrent
la partie principale de l'équipement, c'est-à-dire
le justaucorps écarlate pour les *picadores*, et
la veste sans manches pour les *peones*'.

A l'époque de l'immortel Romero, voici
quelle était la tenue adoptée : pantalon retenu
aux épaules par des tresses, pourpoint de cuir
sans manches long et ajusté, boutonnant sur
les côtés, large ceinturon de cuir à boucle,
manches de velours ouatées, bas blancs et
souliers à boucles. Ce costume se modifia dans
la suite, et fut remplacé par la culotte, la veste
et la pelisse, tous trois de même couleur, avec
des brandebourgs, la capote à manches et le
chapeau tricorne. Au commencement de notre
siècle, il fut changé contre un autre peu diffé-
rent de celui que nous voyons aujourd'hui. La
*coleta* et la *moña* remplacèrent la natte de
cheveux, la résille et le petit peigne.

Actuellement, la tenue du *lidiador* à pied est
la suivante : veste et culotte de soie brodées

---

' Les *toreros* à pied.

d'or ou d'argent, ou de passementeries ; ceinture et cravate de faille ; *montera* andalouse, bas fins blancs ou roses et escarpins sans talons. Le manteau de *paseo* est en forme de *capa*, confectionné en soie riche, brodé et galonné ; le manteau de combat est en coton ou en soie écrue. On se sert encore du chapeau tricorne pour les courses royales.

Les *vicadores* portent un pantalon terminé par des guêtres de cuir recouvrant l'armature qui protège leurs jambes et leur cuisse droite ; une ceinture d'étoffe enroulée autour de la taille ; une veste pareille à celle des *toreros* à pied, à cette différence près qu'elle est en velours au lieu d'être en soie et qu'elle est ouverte sous les bras et échancrée par devant jusqu'au milieu de l'épaule ; enfin un grand chapeau dit castoreño. Leurs souliers sont à triples semelles.

Avant l'époque de Juan Romero, les *ajustes* ou contrats d'engagement des *diestros* se traitaient de gré à gré avec chacun de ceux-ci, les intéressés stipulant les clauses qu'ils jugeaient les plus avantageuses. Ces clauses étaient généralement un abonnement pour un nombre déterminé de courses à un prix convenu. Les

*picadores* recevaient en plus un costume complet à titre de présent, présent qui dans la
suite s'étendit aux combattants à pied, et dégé-
néra tacitement en droit. Dans plusieurs villes,
on y ajouta le paiement des frais de séjour,
d'entretien et dépenses diverses des *lidiadores*,
et plusieurs autres avantages.

Mais depuis l'organisation des cuadrillas, les
*ajustes* se traitent avec les *espadas*. Ces derniers
se chargent du recrutement des *diestros* subal-
ternes, auxquels ils donnent une somme fixe
pour l'accomplissement de leurs fonctions
pendant les courses.

En ce qui concerne les émoluments accordés
aux *toreros*, nous dirons seulement que Félix
Palomo, Andrès de la Cruz et divers maîtres du
même ordre recevaient, au milieu du siècle
dernier, soixante *reales* pour la mort de chaque
taureau ; que Francisco Montes, *el Chiclanero*
et *Cuchares* virent s'élever cette rétribution à
mille ou mille quatre cents, et que les *espadas*
d'aujourd'hui touchent jusqu'à cinq mille francs
par course.

Nous reconnaissons que les temps ont changé
et nous accordons volontiers aux *toreros* le
droit de désirer gagner le plus possible ; néan-

moins nous ne pouvons nous empêcher d'avouer très humblement à ces messieurs que nous ne voyons pas quelles qualités transcendantes ont pu leur mériter une telle augmentation de salaire.

## CHAPITRE II

QUALITÉS INDISPENSABLES AU TORERO A PIED
OU A CHEVAL.

Trois qualités sont indispensables au *torero*
à pied : le courage, l'agilité et la connaissance
parfaite des préceptes de l'art tauromachique.

Celui qui n'est pas doué de la première ne
deviendra jamais *torero*. Le vrai courage du
*lidiador* consiste à ne pas éprouver le plus petit
sentiment de crainte en face du taureau et à
conserver, dans un moment aussi critique, le
sang-froid nécessaire pour juger comment il
faut agir avec la bête avec laquelle il est aux
prises, en évitant de tomber dans l'un de ces
deux extrêmes : s'exposer témérairement, ou
bien pousser la prudence jusqu'à paraître lâche.

L'agilité, comme le courage, est une qualité
essentielle chez le *diestro*. Nous ne voulons pas
dire par là que l'homme doit être tout le temps
en mouvement dans l'arène, ce qui est au contraire le propre du mauvais *torero*, mais qu'il

doit pouvoir courir très vite en ligne droite, sauter, tourner, s'arrêter, faire des crochets avec une grande célérité ; surtout dans les mouvements exécutés à portée des cornes du taureau. Quiconque possède une pareille agilité, agilité sans laquelle les *quiebros*, les *recortes* et *les galleos*¹ sont presque impraticables, a bien des chances pour ne jamais être victime d'accidents sérieux.

Pour être un torero accompli, le *lidiador* devra joindre aux deux premières qualités naturelles dont nous venons de parler la connaissance approfondie des règles de la tauromachie. Cette connaissance, facile à acquérir d'ailleurs, permet de découvrir d'un coup d'œil les *querencias* du taureau, la classe à laquelle il appartient, son plus ou moins *de jambes*, les *suertes* auxquelles il se prête et le moment opportun pour les tenter. Possédant à la fois le courage, l'agilité, la science théorique de son art, le *diestro* brillera dans l'arène et sortira du combat sain et sauf.

Deux qualités de plus sont nécessaires au *torero* à cheval : être d'une force herculéenne et monter en écuyer consommé.

¹ On trouvera plus loin l'explication de ces termes.

Si le *picador* n'est pas robuste, il sera incapable de soutenir le choc du taureau, et encore plus de le repousser de façon à le faire passer devant la tête du cheval. Quand ils n'ont pas été arrêtés, quand ils n'ont pas senti le fer, les taureaux redoublent leurs efforts ; dans ce cas, ils attaquent toujours en *bravos* ou *pegajosos*.

Ce n'est pas seulement avec le taureau, mais aussi avec son cheval que le *picador* a besoin de sa force, surtout quand bête et cavalier sont précipités à terre. Pour supporter le poids pesant des pièces de l'équipement qui lui garnissent le bas du corps, pour ne pas avoir les os rompus dans les chutes terribles qu'ils subissent si fréquemment, il faut aux *picadores* une constitution physique au-dessus de l'ordinaire.

Le *torero* à cheval tirerait bien peu de fruits des quatre premières qualités s'il lui manquait la cinquième, c'est-à-dire s'il n'était pas un cavalier de premier ordre. Etre solide en selle est l'A B C du métier ; il est indispensable en outre d'avoir une bonne main et de la force dans les genoux ; de savoir deviner les intentions de son cheval, le maîtriser, se rendre compte des causes qui l'effrayent si l'animal est ombrageux, lui faire exécuter des demi-tours sur les épaules ou sur les hanches ; en un mot de le manier facilement pour rendre la lutte la moins périlleuse possible.

Quand nous aurons ajouté à cela que pendant la course le *picador* monte des chevaux qu'il a seulement examinés à la légère, souvent sans les avoir essayés, on comprendra encore mieux à quel point il est essentiel d'être un écuyer consommé pour combattre les taureaux à cheval.

Dans certaines localités, il est exigé, par ordonnance municipale, que les taureaux aient quatre ans accomplis et que les hommes appelés à les courir appartiennent au métier de *torero*, soient âgés de plus de quatorze ans et de moins de soixante, et qu'ils opèrent sous la direction d'un *diestro* d'une aptitude reconnue.

# CHAPITRE III

## DES ESPADAS : LEURS OBLIGATIONS ET LEURS DROITS.

On appelle communément *espada* tout *diestro* qui tue des taureaux dans l'arène ; mais en réalité, un *torero* ayant reçu l'*alternativa* d'un autre *torero* nommé régulièrement lui-même a seul le droit de porter ce titre.

L'*alternativa* est donnée d'ordinaire aux *banderilleros*[1] de mérite qui ont déjà tué un certain nombre de taureaux en qualité de *sobresalientes* et montré ainsi leurs aptitudes. Le cérémonial de l'*alternativa* est peu compliqué : le premier *espada*, la toque à la main, cède au candidat son premier taureau. Le nouveau promu a désormais le droit de figurer sur les programmes en qualité d'*espada*.

Les *banderilleros* opèrent entre eux de la

---

[1] *Banderillero*, aspirant au rang d'*espada*, chargé de tuer le taureau en cas d'accident arrivé au *matador* (*Note du traducteur*).

même façon pour élever un camarade à leur rang.

L'*espada* prend rang d'ancienneté à partir du jour où il a reçu l'*alternativa*. L'usage constant depuis le commencement de notre siècle veut que l'*alternativa* ne soit valide que si elle a été donnée à Séville, Madrid, Ronda, et autres places de taureaux adoptées par le corps royal des *Caballeros maestrantes*.

De grandes discussions ont eu lieu dernièrement à ce sujet, dans le monde des *aficionados* et des écrivains tauromachiques. Il s'agissait de savoir si l'ancienneté ne devrait pas compter seulement du jour où le candidat débuterait sur la place de Madrid. Nous croyons nous rappeler que beaucoup répondaient affirmativement. A notre avis cette réforme serait mauvaise, car elle aurait pour effet de diminuer injustement le prestige des principaux cirques de la Péninsule. Les privilèges de la maistrance étant supprimés, il est évident que toutes les places se valent et que, par conséquent, il n'y a aucune raison de nier la validité de l'alternative donnée par un *diestro* sur l'une quelconque d'entre elles. Mais comme, d'autre part, la chose entraînerait évidemment une infinité de conflits,

il faudrait selon nous faire établir par les *matadores* les plus en renom une classification des
différents cirques, et décider de déclarer seule
valable l'alternative donnée sur ceux reconnus
officiellement comme *plazas* de premier ordre.
Telle est du moins notre opinion.

Il y a aujourd'hui en Espagne, si notre mémoire est fidèle, trente-deux *matadores de toros*
ayant reçu l'alternative. Le plus ancien d'entre
eux est Manuel Dominguez, reçu *espada* à
Zafra en 1835, et le plus jeune Manuel Molina,
promu au commencement de l'année dernière[1].

Pour le *paseo*[2], les *espadas* marchent devant
les *cuadrillas*, le plus ancien à droite, le second
à gauche, et le troisième au centre. S'il y a un
*medio espada*[3], il marchera derrière les *matadores*.

Le *paseo* terminé, tous les individus formant
la *cuadrilla* passent sous les ordres de l'*espada*
le plus ancien qui remplit les fonctions de di-
recteur de la course, excepté au moment de la

---

[1] Notre traduction est faite sur l'édition espagnole de
1882. (*N. du tr.*).

[2] Défilé des *cuadrillas* venant saluer le président avant
le commencement du spectacle. (*N. du tr.*).

[3] Le *sobresaliente* qui a tué avec succès dans plusieurs
courses passe au grade supérieur de medio espada, ou
demi-épée. (*N. du tr.*).

mort du taureau : le *matador* désigné pour tuer l'animal demeure alors chef du combat jusqu'à l'achèvement des *suertes.*

Si un homme de la *cuadrilla* désobéit au premier *espada* ou à l'un de ses collègues, il en est rendu compte à l'autorité qui fait consigner le délinquant entre les barrières.

Le premier *espada* doit veiller à ce qu'au moment de la sortie du taureau il n'y ait à droite de la porte aucun objet pouvant changer la direction de sa course, et observer si la bête a besoin d'être passée de *capa* pour qu'elle s'arrête et prenne des *varas.* Dans ce dernier cas, il prévient le *matador* dont c'est le tour de tuer; celui-ci peut à son choix *capear* lui-même ou le faire faire par son collègue. Sous aucun prétexte on ne devra *capear* un taureau ayant subi plus de quatre piqûres.

Il est interdit de tirer les taureaux par la queue, de les dévier par des crochets, de les sortir de la *suerte de vara* avant qu'ils n'aient trouvé le fer, excepté dans un cas extrême, pour sauver un *diestro* en danger. Il faut alors enlever le taureau par des *largas*, et non par des *veronicas*[1], qui sont moins efficaces.

[1] Passes de capa qui seront expliquées plus loin.

Pendant le premier tiers du combat, les *espadas* et les *sobresalientes*, ou ceux qui les remplacent s'ils viennent à manquer, seront constamment au *quite*[1], à la gauche du *picador*. Les autres *peones* se borneront à courir les taureaux en ligne droite et à les mettre en *suerte*, quand on le leur commandera.

Les *espadas* désigneront aux *banderilleros* leur tour de *brega*[2] ou de repos.

Tout animal sorti du toril en bon état physique doit mourir dans le *redondel*, à moins que les *matadores* ne soient mis hors de combat. Les espadas inscrits au programme tueront alternativement les taureaux désignés pour la course, et ceux qu'on pourrait accorder *de gracia*[3]. Sous aucun prétexte on ne laissera des individus ne figurant pas sur l'affiche en qualité de *matadores* s'approcher de la présidence pour demander à tuer quelqu'une des bêtes. Cette règle est malheureusement trop souvent

[1] Le torero est au *quite* quand, placé à trois ou quatre pas de l'étrier gauche du picador, il se tient prêt à enlever le taureau avec sa capa en cas de chute du cavalier (*Note du traducteur*).

[2] Leur tour de service (*Note du traducteur*).

[3] Taureaux accordés en plus de ceux mentionnés au programme (*Note du traducteur*).

violée par suite de la pusillanimité de l'autorité qui n'ose résister aux instances des *diestros* et du public.

Si l'on mentionne au programme qu'un *li-diador* n'ayant pas reçu l'alternative tuera le dernier ou les deux derniers taureaux de la course, ce *lidiador* pourra le faire sans sortir de la légalité.

*L'espada* offrira¹ le taureau au président. Dans la dernière phase de la lutte, il restera seul en face de la bête ; mais, s'il le juge nécessaire, il pourra garder à proximité, pour l'assister en cas de besoin, ses *banderilleros* ou ses collègues. Il cherchera à terminer la *suerte* le plus brillamment possible ; il portera des estocades hautes, à moins que la façon de combattre du taureau ne rende la chose impossible, auquel cas il aura recours aux ressources de l'art pour dépêcher son adversaire sans y mettre trop de temps. La présidence fera donner le deuxième avertissement quand elle jugera le moment opportun ; elle se montrera très prudente en cette circonstance et tiendra compte

---

¹ Quand le clairon sonne la mort, l'espada prend l'épée et la muleta, et va offrir la victime à la présidence (*Note du traducteur*).

des facultés du taureau et du travail du *lidiador*.
Si l'*espada* perd son temps en manœuvres inutiles, il recevra l'ordre de se retirer de l'arène.
Les *cabestros* ramèneront le taureau au *corral*, à
moins qu'on ne lui coupe le jarret avec la *media
luna*'. Quelques localités conservent encore
cette répugnante pratique.

Bien des fois on a voulu fixer d'une façon ab-
solue le temps maximum pouvant être accordé
à l'*espada* pour tuer, mais les règles établies
sont promptement tombées en désuétude. Tout
le monde sait en effet qu'il faut plus de vingt
minutes pour tuer certains taureaux, alors
qu'il suffit de cinq avec la généralité.

Un *matador* étant mis hors de combat dans
la *suerte de matar* sans avoir porté au taureau
une estoquade mortelle, au plus ancien *espada*
de la course incombera le devoir d'en finir
avec la bête. On procédera toujours de cette
façon pour le remplacement des blessés.

Si tous les *matadores* figurant au programme

---

' Demi-lune, couteau en forme de croissant, fixé au bout
d'une perche, avec lequel on coupe le jarret au taureau,
dans les rares localités où s'est conservé cet usage. En règle
générale, la *media-luna* paraît en signe de blâme pour
l'espada ; au lieu de s'en servir, on lâche les cabestros qui
chassent le taureau de l'arène *(Note du traducteur)*.

viennent à manquer, le *sobresaliente*, ou à défaut de *sobresaliente* le *banderillero* le plus
ancien, ou bien encore un autre *banderillero*
désigné par ce dernier, remplira le rôle d'*espada*.

Quand un taureau se trouvera hors de service pendant les deux premiers tiers de la lutte,
il devra être abattu dans le cirque.

L'ordre de tours établi entre les *espadas* ne
sera pas modifié pour cela ; le *matador* auquel
était destiné l'animal inutilisé tuera simplement un taureau de moins.

Le cas n'est pas le même si le taureau est
reconnu incapable de courir à sa sortie du
*toril* : la course est alors tenue pour nulle et
l'animal manquant est remplacé par un autre.

# CHAPITRE IV

## BANDERILLEROS ET PICADORES.

En dehors de la pose des *rehiletes*, les *bande-rilleros* jouent encore un rôle des plus impor-tants pendant tout le combat. Ils sont dirigés par les *espadas*, mais ils ne peuvent commencer le jeu des *banderillas* que sur l'ordre de l'autorité présidant la course.

Les *banderilleros* dont ce sera le tour de *brega* courront les taureaux en ligne droite, et les feront entrer *en suerte* quand leurs supérieurs le leur commanderont ; ils ne se mettront pas au *quite* sans l'assentiment des *espadas*.

Ils n'exécuteront pas de crochets et ne dérou-teront pas le taureau avec la *capa*, à moins d'être serrés de trop près par l'animal pour pouvoir éviter d'être pris s'ils n'employoient ces ressources extrêmes.

Seuls les *banderilleros* des *cuadrillas* dont les noms et surnoms figurent au programme auront le droit de poser des *banderillas*[1] ; aucun d'eux ne pourra manquer à la course s'il ne présente une excuse valable à l'autorité.

Aussitôt que le clairon annoncera la fin du premier tiers du combat, le premier couple de *banderilleros* se préparera à jouer son rôle. Le taureau placé en position convenable par les *peones*, les *banderilleros* planteront leurs paires de *banderillas*, chacun rigoureusement à son tour ; ils ne recommenceront jamais une *suerte* bien exécutée. Le *diestro* qui aura fait deux ou trois fausses sorties[2] cédera son tour à son collègue, si le chef de la course juge que des causes étrangères à sa volonté paralysent ses moyens.

Les sorties auront lieu facultativement par la droite ou par la gauche, suivant l'état physique du taureau et le point de l'arène où il se trouvera ; autant que possible pourtant, la *suerte* s'exécutera du côté droit, d'abord parce qu'elle est plus

---

[1] La banderilla est un bâton de soixante-cinq centimètres, terminé à l'un des bouts par une pointe de fer en harpon et ornée de rubans, papiers ou autres enjolivements multicolores. On se sert aussi, mais très rarement, de banderillas de vingt-cinq centimètres (*Note du traducteur*).

[2] Salida falsa, *voyage* du banderillero qui n'a pu planter sa paire de banderillas.

gracieuse de la sorte, et ensuite parce qu'en pareille circonstance, l'animal ne s'élançant pas droit devant lui, on peut le provoquer immédiatement *al sesgo* ou à *media vuelta*[1] et lui infliger le châtiment voulu.

A la sonnerie de la mort du taureau, on suspendra immédiatement la *suerte* ; les *banderilleros* remettront les *banderillas* qui leur resteraient en main à l'homme chargé de les recueillir, car la coutume de les jeter à terre est fort laide et peut causer de funestes accidents.

Pour le *paseo*, les *banderilleros* sont formés sur deux files, précédés des *matadores* et suivis des gens à cheval.

Les *picadores* se présenteront à la *plaza* la veille de la course, afin d'examiner les chevaux (déjà soumis à l'inspection du vétérinaire). Ils refuseront ceux qui, à leur avis, ne réuniraient pas les conditions nécessaires pour figurer dans l'arène.

Les chevaux examinés et acceptés, les *picadores* en choisiront quatre ou six et mettront de côté trois selles. L'impresario aura soin qu'au moment de la course, chacun monte les

---

[1] Al sesgo, en biais; à media vuelta, au demi-tour.

chevaux désignés par lui et ait à sa disposition les trois selles retenues d'avance.

Au moment où on lâchera le premier taureau, les deux ou trois *picadores* de *tanda*[1] se trouveront à la gauche de la sortie du *toril*, le plus jeune à au moins dix mètres de la porte et à un ou deux de la barrière, séparé du collègue placé à sa gauche par un intervalle de dix mètres.

Le *diestro* piquera le taureau en se plaçant bien en face de lui et en s'approchant plus ou moins près pour l'exciter, suivant l'état physique de l'animal, c'est-à-dire jusqu'à deux longueurs de cheval quand le taureau est *levantado* et jusqu'à une quand il est *parado*. Il diminuera la distance progressivement à mesure que le taureau passera du premier au second état. La pointe doit appuyer sur le *morillo*[2], endroit prescrit par les règles de l'art. Les *picadores* piqueront chacun à leur tour, mais ils pourront donner plus d'un coup de pointe si le taureau revient à la charge. Ils

---

[1] Picadores dont c'est le tour de service (*Note du traducteur*).

[2] Partie du cou située au-dessus du garrot (*Note du traducteur*).

chercheront à le pousser vers la gauche de l'encolure de leur cheval, afin de ne pas être précipités à terre, le mérite pour eux étant de résister au choc ; les *toreros* au *quite* se tiendront près de leur étrier gauche.

Le *picador* qui aura piqué en dehors de *suerte*, abîmé la peau du taureau ou violé d'une façon quelconque les règles de la tauromachie, sera puni d'une amende proportionnée à l'importance de la faute.

Quand une chute se produira, le *picador* resté en selle accourra pour faire face au taureau, afin que celui-ci n'éventre pas le cheval d'une façon répugnante.

Il y aura toujours à la porte du *corral* un *picador* à cheval prêt à remplacer celui qui serait démonté ou blessé dans l'arène. La *suerte de vara* terminée, le mieux monté des *picadores* devra rester dans l'enceinte du cirque, ses services pouvant devenir nécessaire au cas où il faudrait chasser le taureau à coups de *garrocha* d'un point quelconque de l'arène.

Auront seuls le droit de piquer, les *diestros* engagés pour la course. Si le malheur voulait qu'ils fussent tous mis hors de combat, on supprimerait la *suerte de vara* et le spectacle n'en continuerait pas moins.

# LIVRE TROISIÈME

---

# DES SUERTES DU TOREO QUI S'EXÉCUTENT
# LE PLUS FRÉQUEMMENT EN CHAMP CLOS

# CHAPITRE I

DIVISION DES TERRAINS. — MANIÈRE DONT LES TAUREAUX ATTAQUENT ET SE DÉFENDENT, ET AUTRES PARTICULARITÉS QUE LE TORERO DOIT AVOIR TOUJOURS PRÉSENTES A L'ESPRIT.

Notre but étant de rendre accessible à tous la connaissance des moyens employés par les *toreros* pour mener à bonne fin les différentes *suertes*, nous croyons indispensable pour y parvenir de faire précéder la troisième partie de notre manuel d'un chapitre lui servant en quelque sorte d'introduction. En le lisant, le lecteur acquerra une idée générale du sujet que nous allons traiter; il pourra ensuite, sans fatigue d'esprit, étudier le *toreo* dans ses détails et comprendre facilement bien des choses qui auparavant lui eussent paru de véritables énigmes.

La *division des terrains* n'est pas identiquement la même pour les *suertes* à pied et à cheval. Dans les premières, le terrain du taureau est invariablement celui de *dehors*, c'est-à-dire l'espace compris entre le point où se trouve l'animal et le centre de la *plaza*, et le terrain du *torero* celui de *dedans*, c'est-à-dire l'espace compris entre le point où se trouve le taureau et la barrière. Au contraire, dans les *suertes* à cheval, la délimitation exacte des terrains offre quelque difficulté, vu les nombreuses positions dans lesquelles·elles peuvent s'exécuter. Pourtant nous dirons d'une façon générale que le terrain du taureau est celui qui s'étend à la gauche du *picador* en passant par devant la tête du cheval, et que le terrain de l'homme est, non pas exactement celui qui s'étend à sa droite, mais celui par où le taureau, suivant la classe à laquelle il appartient, lui laisse le plus promptement la sortie libre (cette sortie devant toujours s'effectuer dans la direction de l'arrière-train de l'animal). Nous parlerons des changements pouvant survenir dans la répartition des terrains au fur et à mesure que nous étudierons les *suertes* où ils se produisent.

À pied comme à cheval, on nomme *centre* d'une *suerte* le point de l'arène sur lequel elle se consomme, c'est-à-dire le point de la limite commune des deux terrains où le taureau ayant humilié et le *diestro* fait le *quiebro*, chacun des adversaires passe sur le terrain de l'autre.

Tout le monde sait que les taureaux, quand ils attaquent, se précipitent à toute vitesse sur l'ennemi et qu'au moment de frapper, ils ramènent la tête en arrière pour lancer le coup de cornes. Cette façon d'attaquer, innée chez eux et dont ils ne départissent jamais, est ce qui permet à l'homme d'exécuter les *suertes* sans trop risquer sa vie, car elle lui offre un moyen aussi simple qu'efficace pour tromper son adversaire, moyen qui consiste à attirer l'attention de la bête sur un objet voyant qu'on dérobe brusquement à ses yeux au moment psychologique.

Cependant, quand le taureau a été leurré une ou plusieurs fois, l'instinct commence à s'éveiller en lui. Sans changer de manière d'attaquer, il le fait d'une façon plus réfléchie : il hésite devant l'*engaño*, il gagne du terrain ou poursuit l'adversaire jusqu'à la barrière. La connaissance de toutes les ruses auxquelles peuvent avoir recours les taureaux est la base sur laquelle est fondée la théorie des *suertes*.

Malgré leur vaillance, les taureaux ne sont pas inaccessibles à la crainte ni insensibles à la douleur. Il est facile de s'en convaincre en les voyant refuser toujours le flanc à l'adversaire et tenir la tête haute pour protéger leur cou.

Tous les taureaux ne se servent pas également bien de leurs armes ; on en rencontre parfois de très maladroits. Mais tous ont un côté dont ils sont plus habiles que de l'autre. Cette particularité s'observe dès leur premier coup de tête. Il n'est d'ailleurs pas indispensable de voir un taureau en action pour savoir la corne dont il frappe le plus volontiers; il suffit de regarder quelle est celle de ses oreilles qui se meut le plus fréquemment et le plus vivement. Souvent l'animal se montre plus ardent du côté où on lui a ouvert le plus de fois la sortie dans les *suertes*. Le *lidiador* qui doit pouvoir sortir aussi facilement par la droite que par la gauche opérera sa retraite par le côté le moins dangereux.

Il n'est malheureusement pas rare de voir un taureau, après s'être présenté comme *boyante*, éprouver une complète transformation et devenir *de sentido* pendant le reste de la course. Cela provient neuf fois sur dix de ce que l'animal a été mal travaillé, ou de ce qu'il a pu atteindre un *diestro*. Quelle que soit la cause de la transformation survenue, le *torero* aura soin de combattre d'après les règles s'appliquant à la *classe* dans laquelle vient d'entrer le taureau. Quand la bête aura précédemment blessé quelqu'un, il se gardera de l'attaquer sur le point de l'arène où l'incident s'est produit; car si un taureau a pris une *querencia* à la suite d'un succès, il sera presque impossible de l'éloigner de l'adversaire que par malheur il viendrait à renverser. Les *picadores* surtout devront avoir cette règle bien présente à la mémoire, étant fréquemment obligés d'aller chercher l'ennemi sur son terrain. Souvent les taureaux les plus francs foncent sur le *picador* et deviennent extraordinairement *collants* lorsqu'on les provoque sur leur emplacement de prédilection, alors même qu'ils n'ont montré aucune obstination sur tout autre point du *redondel*.

Parfois les transformations subies par les animaux au cours du combat sont favorables au *torero*. On voit de temps à autre un taureau qui a débuté en gagnant du terrain ou en s'acharnant à la poursuite de l'adversaire hésiter devant l'*engaño* ou partir franchement pendant la dernière période de la course. Pourtant la chose est peu commune, car les taureaux des premières classes sont généralement *de sentido:* comme ils sont très sensibles à la souffrance et que, d'autre part, chaque fois qu'ils s'approchent de l'homme, ils éprouvent quelque sensation douloureuse, ils finissent généralement par se dérober. Ces animaux doivent être travaillés avec précaution, principalement dans les *suertes* ou on ne les pique pas, car ils se *reprennent* facilement. Trompés une première fois, à la *suerte* suivante ils cherchent le corps de l'homme.

Une des choses les plus essentielles pour le *torero* est d'empêcher le taureau de porter défectueusement la tête, comme cela se voit souvent (la plupart du temps par la faute des *diestros*). Les taureaux, on ne saurait le nier, sortent du toril avec la tête *affolée ;* mais on la leur détraque complètement quand on leur fait de mauvaises passes de *capa.* Il faudra donc avoir toujours grand soin, en excitant un animal, de lui présenter la *capa* suffisamment bas (et non au-dessus du chignon), afin de l'habituer à humilier et à découvrir le cou. Pour la *suerte suprème*, les *matadores* régleront avec la *muleta*[1]

[1] Morceau d'étoffe de laine rouge affectant la forme d'un manteau, qu'on manœuvre à l'aide d'un petit bâton muni d'une pointe s'engageant dans un trou pratiqué près du collet *(Note du traducteur).*

la tête des taureaux qui la porteraient mal. Avec
une bête présentant cette défectuosité, l'*espada*,
s'il n'est pas sur ses gardes, courra le plus grand
danger qu'il puisse courir : le taureau s'arrêtera
au centre de la *suerte* en donnant des coups de
tête en l'air et désarmera son adversaire. En
pareil cas, la *cogida* est certaine et sera probablement fatale au *diestro*.

Les *toreros*, particulièrement les *picadores*,
doivent aussi tenir compte des particularités
suivantes : quand un taureau piaffe, gratte la
terre du pied ou fait onduler sa queue, il est
lent à se lancer, et parfois attend qu'on le provoque de nouveau. Au moment où il se dispose
à charger l'ennemi, il agite fiévreusement les
oreilles et fait une large aspiration d'air que
l'on remarque à la dilatation de ses naseaux.

# CHAPITRE II

## Ce qu'on entend par « voir venir » les taureaux. — Causes des cogidas.

Le principe fondamental des règles de l'art tauromachique étant que le *torero* exécute au moment opportun le mouvement défensif correspondant à chaque attaque du taureau, le *lidiador* doit nécessairement avoir l'œil toujours fixé sur l'animal afin de pouvoir choisir rapidement ses moyens de défense. Les *toreros* appellent cela *voir venir* les taureaux.

Pour voir venir d'une façon parfaite, il faut observer soigneusement le moment où le taureau arrivé à *jurisdiccion* humilie; celui où il met la tête *dans l'engaño*; celui où, l'ayant dépassé, il lance le coup de cornes. Au premier temps de l'attaque, le *torero* juge s'il y a lieu d'*améliorer* le terrain ou d'en *changer*, ou de rester en place (l'animal suivant son terrain propre); au second, il calcule l'instant précis de *charger* la *suerte* et d'exécuter le *quiebro* qui divise les terrains; au troisième il enlève l'en-

*gaño* et achève le mouvement les bras hauts ou bas, allongés ou demi-tendus, suivant l'état du taureau, afin de laisser la bête prête pour une seconde *suerle.*

Le *banderillero* portera son attention sur les temps suivants : le taureau arrive à *jurisdiccion* — humilie — donne le coup de tête — se contracte en sentant le fer — se remet — reprend le voyage. Il saisira le moment opportun pour avancer le corps, planter ses *banderillas* et sortir par vitesse'.

Voir venir est chose très importante dans les *suertes* de *cambios* et de *recortes.* Le *diestro* qui veut les effectuer doit observer avec soin l'animal quand celui-ci entre au centre du *quiebro*, quand il humilie et fait demi-tour, afin d'exécuter lui-même le mouvement en temps voulu et de terminer ainsi la *suerte* sans péril.

C'est dans les passes de *muleta* surtout qu'est essentiel le principe tauromachique qui nous occupe. Si le *matador* poursuit la *suerte* sans voir venir, si, cherchant à terminer le combat, il se met sur le terrain du taureau avant que ce dernier n'ait fixé le regard sur le leurre,

---

¹ Por piés — mot à mot *par pieds.*

la bête dont l'attention n'est pas distraite par le chiffon dirigera son attaque sur le corps de l'homme et frappera à hauteur d'épaule. Quand le taureau a encore des jambes, la *prise* de l'homme est inévitable.

Nous ne saurions trop le répéter, le voir venir est une question capitale dans la *suerte* suprême, la plus difficile de toutes. Il est rigoureusement indispensable, quand on l'exécute, d'observer le moment où le taureau arrive à *jurisdiccion* — humilie — avance vers l'épée — est au centre — en sort — revient. Si le *torero* n'est pas attentif à tout cela, s'il ne calcule pas exactement l'instant où il doit faire le *quiebro* et sortir du centre en laissant l'arme dans la blessure, jamais la *suerte* ne pourra s'exécuter avec le brillant et la sécurité qu'assure l'application des règles de la tauromachie.

Tout ce que nous avons dit de l'importance du *voir venir* pour les *toreros* s'applique à toutes les *suertes* connues, et s'appliquera infailliblement à celles qu'on pourrait inventer par la suite.

Les *cogidas* sont filles ou de distractions, ou de fautes commises, ou d'incidents fortuits.

Elles peuvent provenir d'une connaissance imparfaite des ressources de l'art de la part du *torero*, d'un mouvement exécuté trop tôt ou trop tard, d'une *suerte contrariée*, d'un brusque changement d'objectif dans l'attaque du taureau, d'un faux pas ou d'une chute du *lidiador*.

On ne saurait convenablement pratiquer aucun art sans en connaître les principes. Si cette vérité est indiscutable pour tout le monde, elle le paraîtra bien plus encore au téméraire qui s'aviserait de provoquer inconsidérément un taureau, ce taureau fût-il le plus franc et le plus naïf du monde.

Le *torero en avance* ou *en retard* est presque toujours renversé ou pris.

Dans les *suertes de capa*, le *torero avance* ou *relarde* quand il tire l'*engaño* ou cherche à conclure la *suerte* avant que le taureau ne soit à *jurisdiccion*. Si la sortie de l'animal a lieu prématurément, l'homme se trouvera dans l'*embroque* quand il voudra opérer sa retraite. Au contraire le *lidiador* est dit en retard si, le taureau ayant humilié au centre, il est encore immobile et n'a pas commencé à filer sur le terrain de dedans.

Dans les passes de *recortes*, *galleos* et *bunde-*

*rillas,* le *torero* est en avance quand, dans le demi-cercle décrit simultanément par lui et son adversaire, il va plus vite que celui-ci et arrive le premier au centre des *quiebros.* Au *cuarteo,* il est *en retard* quand il sort après temps : arrivé au centre, il se trouvera devant la bête qui ne le laissera pas sortir.

Le *matador* qui porte le coup d'épée avant que l'animal n'ait *humilié* au centre de la suerte *avance la suerte.* Il pourra seulement piquer le taureau dans la région de la naissance des cornes et se trouvera découvert au moment du coup de tête. Il *retarde* si, au moment où le taureau humilie, il ne frappe point mais occupe le terrain correspondant à cette action en faisant le quiebro de *muleta.*

Les *suertes* doivent sans exception être commencées dans la *rectitud* du taureau. Si on prend l'animal obliquement, quelle que soit la classe à laquelle il appartient, il cherchera immédiatement à gagner du terrain et se *collera* au corps de l'homme ; il en résultera une lutte dangereuse, mais sans éclat.

Dans n'importe quelle *suerte,* si le *torero* prend la sortie du taureau, la *suerte* est dite *contrariée.*

Ce nom s'applique également aux *suertes* exécutées en contrariant les *querencias* naturelles du taureau qu'on dirige du côté de la barrière. L'animal attaque alors avec le sentiment de sa *querencia* ; il ne poursuivra pas sa course jusqu'à la limite de l'arène, mais il fera face au centre et se portera probablement à la rencontre du *torero*.

Le *lidiador* étant en *suerte*, si quelque objet insolite appelle l'attention du taureau au moment où il va partir, celui-ci attaquera d'une façon tellement désordonnée qu'une *cogida* sera imminente.

Souvent le taureau est supérieur en vitesse au *diestro* qui le court. S'il en est ainsi et que l'homme ne prenne pas certaines précautions dont nous parlerons plus tard, ce dernier sera certainement atteint. Quand il s'aperçoit qu'il ne peut trouver son salut dans la fuite, le *torero* tourne un peu la tête en arrière pour voir venir l'adversaire : au moment où ce dernier humilie, il se laisse tomber brusquement à terre Le taureau donne le coup de-cornes en l'air, généralement en faisant un bond ; l'homme est sauvé et court seulement le risque d'être foulé aux pieds.

La *cogida* est inévitable lorsque le *lidiador*

trébuche ou tombe, car il lui est impossible en pereil cas d'user des ressources de l'art. Le *lidiador* qui sera victime du dernier de ces accidents devra rester étendu à terre et garder l'immobilité ; s'il n'est pas certain que le taureau passe sans revenir sur lui, du moins a-t-il des chances pour qu'il le fasse, les animaux de cette espèce s'attaquant de préférence aux objets mouvants. Si le taureau manifeste l'intention de renouveler son attaque, le *diestro* lèvera les jambes en l'air et les agitera, dans l'espoir que la bête, concentrant son attention sur elles, sautera par dessus le reste du corps sans l'atteindre avec ses cornes. Cette ruse est loin d'être infaillible, mais, puisqu'on l'a vue réussir, il vaut toujours mieux l'employer que d'attendre passivement son sort.

Le *lidiador* pris par le taureau est autorisé à employer tous les moyens possibles pour se tirer d'affaire. Ses collègues ont le devoir sacré de voler à son secours et de tout mettre en œuvre pour le sauver, mais sans confusion et en n'oubliant pas qu'un coup de *capa* bien lancé est plus efficace que vingt donnés à tort et à travers. Il ne faut pas, pour éviter un malheur, risquer d'en voir un autre se produire.

# CHAPITRE III

MANIÈRE DE COURIR LES TAUREAUX. — GALLEOS.
CAMBIOS.

Quoiqu'il paraisse facile de courir les taureaux, on ne peut en réalité le faire avec perfection si on ne connaît les règles que l'art
fournit à ce sujet.

Quand un taureau a beaucoup de jambes, il
faut le provoquer de loin, sans s'arrêter pour
l'exciter ; on ne devra pas le courir en ligne
complètement droite, mais lui faire décrire une
courbe afin de diminuer la vitesse de sa première attaque. Si au contraire on se trouve en
présence d'un animal ayant peu de moyens
physiques, on le provoquera de près en s'arrêtant pour l'exciter jusqu'à ce qu'il parte. Le
*diestro* fuira avec une rapidité modérée, de façon
à conserver une distance convenable entre lui
et son adversaire ; il regardera en arrière pour
voir venir le taureau et s'arrêtera aussitôt que
celui-ci abandonnera la poursuite. Continuer à

fuir en pareil cas serait disgracieux et pourrait être considéré par le public comme une preuve de timidité.

Quand le taureau est en *querencia,* il faut l'exciter de près et le contraindre à se déplacer. Il se précipitera sur l'adversaire avec une violence extrême ; s'il n'a pas été possible de le dévier rapidement avec le manteau, on le lui lancera au nez ou bien on fera un crochet et l'on sortira de *suerte* par vitesse.

Toutes les fois qu'il s'agira d'*ouvrir* un taureau, c'est-à-dire de l'éloigner un peu de la barrière pour pouvoir exécuter une *suerte*, on portera le coup de *capa* et on dirigera l'animal de façon à l'amener, puis à le laisser sur le terrain de *dehors.* S'il est nécessaire au contraire de le rapprocher des *tablas*[1] (de le *fermer,* comme on dit en argot tauromachique), les coups de *capa* se donneront de dehors en dedans.

A l'état de *levantados,* les taureaux chargent l'adversaire dès la première provocation ; néanmoins ils sont encore meilleurs à l'état de *parados,* au point de vue de l'application correcte des règles de l'art.

---

[1] *Las tablas,* la barrière qui entoure l'arène.

Le manteau est un aide précieux pour courir les taureaux. Grâce à lui, le *torero* échappe aux coups de cornes, conduit son ennemi où bon lui semble et le place dans la position la plus propice à l'exécution de la *suerte*.

Les taureaux *boyantes*, *revoltosos*, *que se ciñen* et qui gagnent du terrain, se courent parfaitement en employant les moyens indiqués plus haut. Il n'en est pas de même des taureaux *de sentido*, *avantos*, *burriciegos* et *tuertos* (borgnes).

Les taureaux rusés conservent longtemps leurs moyens; ils sont difficiles à courir, et dangereux pour le *lidiador* qui ne serait pas doué de très bonnes jambes. Les *avantos* poursuivent rarement à outrance; néanmoins avec eux, les *diestros* ne devront pas mépriser le secours des abris. Nous avons parlé précédemment des *burriciegos*; quant aux *tuertos*, voici comment on les court :

On s'avance pour les provoquer du côté de l'œil dont ils voient, puis, au moment où ils partent, on prend la *capa* dans la main du même côté et on la fait onduler en effaçant le corps dans la direction de l'œil perdu. Les taureaux verront seulement l'*engaño* et ne distingueront pas l'homme.

On appelle *recorte* toute *suerte* dans laquelle le *diestro* et le taureau se rencontrant au centre, le premier, au moment où le second humilie, exécute une retraite de corps pour éviter le coup de tête et file dans une direction oblique à celle de la bête. On commet assez fréquemment l'erreur de prendre certains *galleos* pour des *recortes* : la distinction est pourtant facile à établir puisque le *recorte* se pratique avec le corps seulement, et le *galleo* avec le concours de la *capa* ou autre leurre.

Le *recorte* proprement dit peut être fait de différentes manières, suivant que le taureau est pris de face ou obliquement, ou qu'on le laisse venir pour exécuter le *quiebro* au moment où il arrive à *jurisdiccion*. Cette *suerte* doit s'exécuter avec les *sencillos* et les *boyantes*, et même avec les *revoltosos*, si le *torero* est agile; mais avec les taureaux *que se ciñen*, qui gagnent du terrain, ou qui cherchent le corps de l'homme, elle est dangereuse et par là-même à éviter.

Quand on voudra tenter un *recorte*, on aura soin de ne pas se mettre trop en travers du taureau, car celui-ci pourrait facilement barrer la sortie. Si un tel cas se produit, on pourra se tirer d'affaire en exécutant le saut du *trascuerno*[1], manœuvre moins périlleuse que de sortir de *suerte* et de changer de direction.

Les *galleos* sont faisables avec tous les taureaux ; ils ont le double avantage d'être plus gracieux et moins dangereux que les *recortes*.

Un des *galleos* les plus usités est celui qu'on appelle le *bu*. Voici comment on le pratique : le *diestro*, la *capa* sur les épaules, s'avance vers le taureau comme pour un *recorte* ; arrivé au centre, il étend les bras et les garde immobiles ; il exécute le *quiebro* au moment où la bête humilie ; le danger passé, il laisse retomber les bras dans la position naturelle.

On fait aussi cette *suerte* en tenant le manteau de la même façon que pour opérer *al costado*. L'homme marche au taureau en décrivant une courbe qui doit aboutir au centre de la *suerte*, et termine la manœuvre par un *recorte*.

Autre variété de *galleo* : on tient le manteau rassemblé dans la main du côté que l'on doit présenter le premier au taureau ; arrivé au centre des *quiebros*, on s'approche de l'animal pour le faire humilier. A cet instant on prend

[1] Saut exécuté par-dessus la tête du taureau au moment où il la baisse pour frapper (*Note du traducteur*).

la position de sortie et on change la *capa* de main ; on exécute une flexion de hanches. Le taureau passe et donne son coup de cornes dans le vide. La *suerte* s'exécute de la même façon au moyen d'un chapeau ou d'une *montera*[1].

Il y a un *galleo* souverainement joli qui s'imposera toujours chaque fois que le *diestro* aura un peu obliqué au moment d'arriver au centre de la *suerte*, ou qu'il verra venir sur lui à toute vitesse le taureau *levantado*. Ce *galleo* se pratique en lançant au nez de l'animal, au moment où il arrive à *jurisdiccion*, la *capa* dont on conserve en main un des coins. Le taureau humilie immédiatement ; le *diestro* lui passe devant le nez pour occuper son terrain et fait le *quiebro* nécessaire, puis il enlève vivement l'*engaño* et termine la *suerte*. Ces différents mouvements doivent être exécutés en quelques secondes pour produire l'effet voulu, c'est-à-dire étonner tellement le taureau qu'il s'arrête stupéfait. Un pareil résultat ne sera pas obtenu, si la *suerte* n'est pas menée lestement.

Les *cambios* sont presque tombés en désué-

---

[1] Sorte de toque dont la forme est particulière à l'Espagne (*Note du traducteur*).

tude aujourd'hui ; ils sont tellement difficiles à
exécuter que la plupart des *toreros* ont renoncé
à les pratiquer. Ces *suertes* se consomment en
indiquant la sortie au taureau d'un côté, et en
la lui donnant de l'autre ; on ne peut les pratiquer sans le secours de la *capa*, de la *muleta*
ou autre leurre.

Les taureaux les meilleurs pour les *cambios*
sont les *revoltosos* et aussi ceux *que se ciñen.*
Avec les autres, il est imprudent de tenter un
pareil genre de *suertes.* Le *torero* ne doit risquer
l'aventure que s'il y est contraint, l'animal ne
suivant pas l'*engaño* et visant le corps : le seul
parti à prendre en ce cas est de changer la
sortie et de gagner au pied sans retourner
la tête.

Avec la *capa*, le cambio s'exécute de la façon
suivante :

Le *diestro* provoque le taureau de près. Aussitôt que la bête arrivée à *jurisdiccion* humilie,
il charge la *suerte* vers le terrain de dedans.
Il la charge[1] de nouveau avant que le taureau

[1] Cargar la suerte. — Mouvement que fait le diestro au
centre de la suerte quand il présente la capa au taureau
en l'étendant avec les bras, de façon à faire passer le taureau hors de son terrain.

n'atteigne le point de rencontre, en ouvrant beaucoup la sortie, vers le terrain do dehors cette fois. Le centre de la *suerte* se trouve en avant de la poitrine du torero; la route suivie par le taureau décrit une ligne brisée qui peut se figurer par un sept à l'envers'. Cette *suerte* dont tout le monde comprend la difficulté est très appréciée des adeptes de l'art.

S'il ne nous a pas été donné d'assister souvent au *cambio* de *capa*, nous l'avons vu pratiquer maintes fois avec la *muleta*. La raison pour laquelle les *matadores* font fréquemment cette *suerte* est sans doute qu'elle leur permet de gagner plus de terrain que les autres, et ne les expose pas à tomber en se prenant le pied dans la *muleta* qui s'enlève par dessus la tête du taureau, comme pour les passes de *muleta*.

Pour réaliser un *cambio*, il est indispensable, si l'on n'est pas un *lidiador* consommé, de posséder de très bonnes jambes : ne pouvant ni avancer, ni s'échapper latéralement, on n'a plus dans les cas extrêmes qu'à montrer les talons à l'adversaire et à filer à toute vitesse sans demander son reste.

Le *cambio* pratiqué avec le corps seulement prend le nom de *quiebro* (il faut bien se garder

de le confondre avec le *recorte*). Le *quiebro*
n'est pas à proprement parler une *suerte* spéciale, car il est usité incidemment dans beaucoup de passes tauromachiques. Il consiste à
incliner fortement le corps à droite ou à gauche
— quelques *toreros* exécutent la flexion avec
les jarrets et non avec les hanches — ou simplement à faire un pas de côté pour indiquer au
taureau une autre sortie que celle qu'on prendra en réalité. On doit opérer de très près ; le
*quiebro* s'accentue juste au moment où l'animal
se prépare à donner le coup de tête. Si l'homme,
voyant mal venir, agit avec tant soit peu de
lenteur ou de précipitation, il est sûr d'être
pris.

Nous parlerons en temps opportun du *quiebro*
*de muleta;* le lecteur en trouvera l'explication
dans le courant du présent ouvrage.

# CHAPITRE IV

## VERONICA ET NAVARRA

Le *capeo* appelé *veronica* est un des plus brillants et des moins dangereux. Il a été inventé par le célèbre maître sévillan Joaquin Rodriguez (Costillares)[1]. Pour l'exécuter, le *lidiador* se place bien en face du taureau, en tenant la capa de telle sorte que chacune de ses mains se trouve vis-à-vis d'un des bipèdes latéraux de celui-ci. Une fois établi dans cette position, il excitera l'animal et le laissera arriver jusqu'à *jurisdiccion*. A cet instant il *chargera la suerte*. Quand, toujours sur son terrain, il aura dévié le taureau en dehors, il retirera l'*engaño* et terminera l'action. Jusqu'au moment de *charger la suerte*, il ne bougera pas les pieds. Il aura soin de ne pas trop ouvrir la sortie, afin que la bête ne s'écarte pas de la ligne droite et reste prête pour un second *capeo*.

[1] Les toreros sont généralement dotés d'un surnom (Note du traducteur).

On pratique la *veronica* de la même façon avec les *boyantes* et les *claros*. Mais, quand le *diestro* se trouve en face d'un taureau de beaucoup de moyens, ou au contraire manquant de jambes, il doit provoquer d'assez loin dans le premier cas, et de près dans le second. S'il n'agit pas ainsi, l'animal s'arrêtera probablement au centre, ou bien avant d'arriver à l'*engaño*, ce qui peut être dangereux.

Si le taureau hésite devant le leurre, le *diestro* se placera dans la *rectitud*[1] de son terrain et *l'appellera* de front, à grande ou à courte distance, suivant le plus ou moins de jambes qu'il lui trouvera. Au moment où l'animal partira, il commencera à *charger* et à *tendre*[2] *la suerte*. Le taureau déviera du terrain du *lidiador*; arrivé à *juridiccion* il se trouvera sur le terrain de dehors et l'homme pourra sortir de *suerte* en toute sécurité. Toutefois le *diestro* aura soin de ne pas enlever la *capa* avant que le taureau n'ait complètement humilié au centre,

[1] En face et sur la ligne imaginaire formée par l'intersection du plan horizontal représenté par le sol et d'un plan vertical qui partageaient en deux parties égales le corps du taureau dans le sens de la longueur. (Note du traducteur).

[2] Tender la suerte. — Baisser le manteau en le présentant au taureau.

c'ost-à-dire qu'il ne devra bouger les bras qu'au moment où la bête aura *engendré* le coup de tête : cela s'appelle vulgairement « rassasier le taureau de capa ».

Les taureaux qui dans cette *suerte* empiètent peu ou beaucoup sur le terrain du *diestro* sont difficiles à *appeler*; mais on arrive néanmoins à le faire sans danger. On procède comme il suit : le *torero*, placé à distance convenable et la capa en main, exécute le *quiebro*, comme pour les taureaux *que se ciñen*, aussitôt qu'il voit partir l'adversaire. Si le taureau ne suit pas la feinte et cherche à se *coller*, il améliore vivement le terrain quand il en a le temps, ou, dans le cas contraire, il laisse à l'animal la route libre du côté de la barrière et file à travers l'arène. On appelle cela échanger les terrains.

Les *revoltosos* se travaillent de la même façon que les *sencillos*; seulement on leur élève davantage l'*engaño*, pour qu'ils sortent par le terrain de dehors et restent à portée d'un nouveau *capeo*.

La *veronica* n'est pas une suerte dangereuse, tentée sur des taureaux *de sentido*, mais elle nécessite l'emploi des ressources de l'art, étant donné le caractère méfiant des

animaux de cette classe. Le *diestro* provoquera
le *de sentido* en usant des précautions recom-
mandées précédemment. Il se dissimulera le
plus possible derrière la *capa* afin de concentrer sur elle l'attention de son adversaire.
Si, au dernier moment, le taureau cherche le
corps au lieu de l'étoffe, la chose importera
peu. Le *lidiador* attendra que la bête *humiliée* à
fond ait la tête bien engagée sous le leurre.
Dans cette position, le taureau ne verra pas
la direction de la fuite de l'homme. A cet
instant le *diestro* chargera la *suerte* et exécutera un grand *quiebro* de corps ; puis, faisant
rapidement cinq ou six pas pour occuper le
terrain laissé libre par l'animal, il retirera la
*capa* par en haut. Le taureau donnera son coup
de tête dans le vide et le *lidiador* terminera
la *suerte*.

On provoquera et on travaillera un taureau
*avanto* de la même manière que ceux qui
gagnent du terrain. S'il entre en *suerte* en prenant le terrain de l'homme, ce dernier pourra
facilement *améliorer* sa position ; s'il se colle'

---

' Nous pensons que le lecteur est suffisamment familia-
risé avec les termes d'argot taurique que nous traduisons
littéralement en français pour qu'il soit utile de les sou-
ligner désormais (Note du traducteur).

en dedans, le *diestro* lui donnera la sortie vers la barrière et filera à travers l'arène. En général les *avantos* partent vivement sur l'ennemi, puis s'arrêtent indécis devant l'*engaño* ; on évitera tout danger en ayant soin de ne pas bouger de place ni de retirer le leurre, mais de les exciter de manière à les attirer vers le terrain de dehors jusqu'à ce qu'ils suivent bien la feinte. Ce résultat obtenu on fera un grand *quiebro* de corps et l'animal poursuivra le voyage du côté indiqué.

Voici un autre genre de *veronica* à l'usage des mêmes taureaux : Le *lidiador* rassemble les plis de la *capa* qu'il tient serrée au corps et marche droit à l'adversaire. Au moment où le taureau chargeant sur lui arrive à *juridiccion*, il s'arrête et lui lance au nez le bas du manteau de façon à concentrer sur lui son attention. Résultats de cette *suerte* : 1° l'animal ne change pas de terrain ; 2° il apprend à partir d'une façon plus mesurée.

La *navarra* est, après la *veronica*, la *suerte* la plus en usage. Elle est aussi gracieuse que la seconde et peut se pratiquer avec les taureaux *que se ciñen, boyantes* et *revoltosos*, mais non avec les *de sentido*, les *burriciegos* des deuxième et troisième classes, les borgnes de l'œil droit et les taureaux qui gagnent du terrain. Elle a été exécutée pour la première fois par l'*espada* Martincho. Elle se fait de la façon suivante :

Le *diestro* commence, comme pour la *veronica*, en veillant à ce que le taureau soit bien placé sur ses jambes. Il provoque de près et tend la *suerte* quand l'animal répond à son appel ; il la *charge* beaucoup au moment où le taureau arrive à *jurisdiccion*. Il présente le flanc à l'adversaire, les bras allongés, les pieds immobiles. Le taureau passe bien humilié ; le *lidiador* retire la *capa* par en bas, et, pivotant sur les talons, la traîne devant le museau de l'animal de façon à le faire tourner autour de lui. Le mouvement exécuté, il se retrouve en face du taureau, et prêt à le recevoir pour un second *capeo*.

Les taureaux *revoltosos*, quand ils ont encore toutes leurs jambes, sont parfaits pour la *suerte* de *navarra*, à condition toutefois qu'on la leur charge beaucoup et qu'on les dirige très en dehors, en leur présentant le flanc et en exécutant un bon *quiebro*. Dans ces conditions, le taureau bien humilié passera suffisamment loin du corps, et l'homme fera sans danger le mouvement de *capa* indiqué au paragraphe précédent. Mais il faut bien se dire que la *volte* doit être exécutée rapidement pour surprendre le taureau, condition nécessaire à l'heureuse issue de la *suerte*.

Si, ayant affaire à un taureau très agile, le *diestro* en retard dans son demi-tour voit l'animal se diriger sur lui, il fera quelques pas en arrière en déployant la *capa*, puis il exécutera une *veronica*, la *navarra* étant dangereuse à répéter en pareille circonstance.

La *navarra* est également très facile à tenter avec les taureaux *que se ciñen*, et tout aussi peu dangereuse qu'avec les *boyantes*, bien que beaucoup plus brillante, à cause du danger que semble courir le *diestro* dont les animaux se rapprochent davantage. On les laisse venir comme pour la *veronica*, et quand, ayant humilié, ils occupent le terrain de dehors, on exécute la manœuvre de *capa* indiquée pour les *boyantes*.

Avec les *avantos*, le *lidiador* qui ne craint pas un retour offensif de l'ennemi (seule chose à redouter dans la *navarra* quand on la tente sur des taureaux d'autre classe), le *lidiador* pratique la *suerte* en toute sécurité.

Les *burriciegos* de la première classe et les borgnes de l'œil gauche se prêtent très bien à la *navarra* ; on appliquera les règles prescrites pour la *veronica*, et on retirera la *capa* de la manière indiquée pour les *boyantes*.

Il ne faudra pas oublier que la *suerte de navarra* se faisant seulement sur des taureaux encore en possession de toutes leurs jambes, le *torero* qui n'en posséderait pas de très bonnes agirait imprudemment s'il voulait la tenter.

Au risque d'être accusé de nous répéter d'une façon fastidieuse, nous dirons encore une fois qu'avec les taureaux *de sentido*, qui gagnent du terrain, *burriciegos* des deuxième et troisième classes et les borgnes de l'œil droit, la *navarra* est une *suerte* périlleuse, où l'homme court à tout le moins le risque d'une chute désagréable, et que pour ces raisons on doit s'en abstenir avec les bêtes en question.

# CHAPITRE V

### Suertes al costado, de front, par derrière et de tijera.

La *suerte al costado* (au côté) se fait avec la *capa* par devant ou par derrière.

Pour l'exécuter avec la *capa* par devant, le *diestro* se mettra en *suerte* par le côté du taureau, et face au terrain de dedans. Il déploiera presque entièrement le manteau dans la direction de l'animal, un bras complètement tendu, la main de l'autre bras vis-à-vis le milieu du corps. Cette position, très gracieuse du reste, devra être gardée jusqu'à ce que le taureau arrive à *juris-diccion*. Le *lidiador* se dissimulera le plus possible derrière la *capa*, afin que celle-ci devienne seule l'objectif de l'adversaire. Ainsi placé, il excitera le taureau et le laissera venir par son terrain à lui. A l'approche de l'animal, il chargera la *suerte*, en faisant deux ou trois pas pour occuper la partie du terrain de dedans laissée libre par celui-ci. Il déploiera entièrement la *capa,* jettera le taureau dehors, et terminera la *suerte* de la même façon que la *veronica.*

Le *capeo al costado* se pratique sans danger avec les *boyantes,* les *revoltosos,* les taureaux *que se ciñen,* les *burriciegos* de certaines classes et les borgnes dont le bon œil est tourné du côté du terrain de dehors.

Quand on exécute la *suerte,* la *capa* en arrière, on se met dans la même position que précédemment, à cette différence près que la main qui se trouvait à hauteur de la poitrine se place au milieu du dos. On excite le taureau. Aussitôt qu'il est à *jurisdiccion,* on charge la suerte, on lève brusquement les bras et l'on fait quelques pas en courant pour occuper le terrain laissé libre par l'adversaire. La *capa* s'enlève par en haut, à l'instant où le taureau donne le coup de tête.

La *suerte* ci-dessus décrite est jolie et facile avec les *boyantes.* On peut la tenter avec les *revoltosos,* en s'éloignant un peu plus sur le terrain de la bête, car si le taureau se retourne vivement et revient sur le *diestro,* celui-ci, dans sa fuite, aura de l'avance sur son ennemi. L'homme pourra, en cas d'urgence, lancer la *capa* à la tête de la bête ou lui faire une *veronica.*

José Delgado (Hillo) est l'inventeur de la *suerte de front par derrière*. Il affirme l'avoir heureusement pratiquée avec les *boyantes* qui conservaient assez de jambes pour la courir d'une façon suffisante; mais il conseille de ne pas la tenter avec les animaux qui ne seraient pas dans ces conditions. La *suerte de frente por detrás* s'exécute de la manière suivante :

Le *diestro* se place dans la *rectitud* du taureau, le dos tourné à l'animal; il tient la *capa* par derrière, exactement comme pour *torear* de front. Aussitôt que le taureau part, il charge la *suerte*, la consomme en faisant un mouvement d'épaules accompagné d'un demi-tour sur les talons, et laisse l'animal disposé pour une seconde passe.

Cette *suerte* n'est en somme qu'une *veronica* à l'envers; son unique mérite consiste dans la position du *lidiador* qui en rend l'exécution plus difficile.

Quelques personnes donnent à la *suerte de front par derrière* le nom de *suerte à la aragonesa;* certains prétendent qu'elle était connue bien avant l'époque de Hillo, affirmation basée sur une gravure de la magnifique collection tauromachique de Goya où l'on voit la *suerte* en question exécutée par des Maures. Dans tous les cas, Jose Delgado a le mérite incontestable de l'avoir considérablement perfectionnée.

Le *capeo* de *tijera*, *tijerilla* ou *à la chatre*, se fait de front ; il est joli, mais très peu usité actuellement à cause de son insignifiance. Le *diestro* provoque le taureau dans la même position que pour la *veronica*, mais en tenant la *capa*, les mains croisées, de façon à ce que si le taureau sort à droite, le bras gauche puisse passer par dessus l'autre, et *vice-versa*. Cette *suerte* est facile et sans danger avec les *boyantes* et les *avantos*.

Plusieurs auteurs soutiennent que le *capeo de tijerilla* est possible avec les taureaux *revoltosos* ou *que se ciñen* ; pour notre part nous regardons la chose comme impossible, car le *lidiador* n'ayant pas toute la liberté de ses bras ne peut ni tendre la *suerte*, ni dévier en dehors ou décoller le taureau, choses indispensables quand on combat des animaux de ce genre.

Les taureaux qui gagnent du terrain, qui s'acharnent à la poursuite de l'homme et les taureaux borgnes ne se prêtent pas au *capeo* dont nous parlons. On pourra le tenter avec quelques espèces de *burriciegos*.

# CHAPITRE VI

CAPEO A DEUX. — SAUTS PAR DESSUS LA TÊTE,
AL TRASCUERNO ET DE GARROCHA.

Le *capeo* à deux, si joli et si sûr, semble
depuis longtemps banni de nos *plazas*. La défaveur dont il est frappé est d'autant plus inex-
plicable qu'aujourd'hui le public applaudit à
outrance des *suertes* beaucoup moins intéres-
santes.

Pour exécuter le *capeo entre dos*, deux *lidiadores* prennent une *capa* suffisamment vaste
et la tiennent chacun par un côté. Ils se placent
en face du taureau, à une distance proportionnée
à l'état des jambes de l'animal. L'*engaño* se
retire toujours par en haut. A la fin de la *suerte*,
les *diestros* doivent faire trois ou quatre pas
en arrière suivis d'un demi-tour sur place,
en prenant la *capa* dans l'autre main. Ce *capeo*
peut se pratiquer avec tous les taureaux.

Le saut par-dessus le chignon a été créé au
siècle dernier par le célèbre *matador* sévillan

Lorenzo Manuel (Lorencillo), maître de José Candido. Le maître et l'élève l'exécutèrent sur les principaux champs clos, aux applaudissements frénétiques de tous les assistants. Leurs successeurs ne les imitèrent que rarement ; le *salto sobre el testuz* est aujourd'hui complètement abandonné. Pour notre part, nous ne l'avons jamais vu pratiquer.

La *suerte* se faisait de deux manières : ou bien on attendait le taureau de pied ferme, puis, au moment où il humiliait, on lui mettait le pied au milieu du chignon, et on sautait de façon à retomber derrière la queue, ou bien on marchait vers l'animal, et, au moment de l'*embroque*, on exécutait le saut comme précédemment. Ces deux manières nous paraissent également difficiles et périlleuses ; d'après nous elles sont praticables seulement avec des *boyantes* en possession de toutes leurs facultés, quoique leur inventeur, grâce à son extrême légèreté, n'ait pas hésité à les tenter avec des taureaux de toutes classes. Montes recommande expressément de ne jamais risquer le saut *sobre el testuz* avec des *revoltosos*, car ces animaux s'attaquent avec tant d'acharnement aux objets qu'ils rencontrent et *poussent telle-*

*ment sur les mains,* qu'ils peuvent très bien marquer un temps d'arrêt au moment de la rencontre : l'homme, en ce cas, ne trouve pas la place libre à l'instant de retomber à terre ; le taureau le voyant en l'air au-dessus de lui saute et l'embroche au vol.

En 1868, un Français nommé Paul Daverat a exécuté, sur la nouvelle *plaza* de Saint-Sébastien, un saut ressemblant au *sobre el testuz,* plus difficile même, si l'on veut, mais qui ne saurait jamais passer pour une *suerte* tauromachique. Nous le considérons comme un simple exercice de gymnastique. Daverat se plaçait dans la *rectitud* du taureau, le provoquait, et quand l'animal s'apprêtait à humilier, il sautait par-dessus sans le toucher aucunement du pied et retombait derrière sa croupe, le laissant poursuivre le voyage indiqué par un coup de manteau lancé à propos.

Le saut du *trascuerno* consiste à sauter par dessus le cou du taureau, en arrière des cornes ; il se pratique encore quelquefois dans nos *corridas* actuelles. Le *diestro* marche vers l'animal comme s'il préparait un *recorte,* mais il le prend un peu de biais. Il indique bien le voyage au taureau afin que celui-ci commence tout de suite à lui couper le terrain, et presse ou ralentit le pas de façon à ce qu'arrivé au centre, il trouve la sortie barrée par son adversaire. L'animal humilie; le *diestro* le franchit avant qu'il ne relève la tête pour frapper. Ce saut a l'avantage de ne diminuer en rien l'élan du voyage.

Malgré l'opinion d'un écrivain tauromachique renommé, nous ne pensons pas que le *trascuerno* puisse être pratiqué avec tous les taureaux. Selon nous, on ne doit pas le tenter avec les taureaux *de sentido*, les taureaux *que se ciñen*, et les *burriciegos* de la seconde catégorie. Enfin nous estimons qu'avec les taureaux des autres classes, il faut l'essayer seulement quand ces derniers sont à l'état de *levantados*.

Le saut de *garrocha* est le plus employé de nos jours; bien exécuté, il produit beaucoup d'effet. Le *diestro* prend une *vara* de *picador*; si elle a une pointe, il appuie à terre le bout ferré qui se fixe mieux sur le sol. Il part dans la direction suivie par le taureau et attire son attention pour qu'il marche sur lui de façon à le rejoindre dans un même centre de *suerte*. Au moment où le taureau arrive à *jurisdiccion*, il prend quelques pas d'élan, exécute le saut de la perche, retombe derrière l'animal et file par vitesse. Montes recommande au *lidiador* de conserver sa *vara* quand cela lui sera possible. En effet si celui-ci l'abandonne, il est complètement désarmé, tandis que, dans le cas contraire, il se trouve en état de renouveler le saut, prouesse digne des applaudissements du public. Sans contester la valeur de ce conseil, nous croyons qu'il peut être très dangereux de ne pas lâcher la *garrocha* : si le taureau vient à la casser d'un coup de tête, le *diestro* est exposé à retomber entre les cornes de la bête. D'ailleurs, pour exécuter deux fois une pareille *suerte*, il faudrait au *torero* une agilité peu commune et un courage à toute épreuve. Les *diestros* de notre époque n'ont pas cru devoir nous fournir l'occasion de juger la question *de visu*, bien que parmi eux il y en ait qui sautent habilement avec la perche. Conclusion : d'après nous, le meilleur parti est encore de lâcher la *vara* et de filer par vitesse. La plupart de nos *toreros* montrent en le faisant qu'ils partagent notre avis.

Si nous ajoutons foi à certain auteur tauromachique, le *banderillero* Juan Manzano

(Nili) avait coutume d'exécuter le saut de *gar-rocha* à l'aide d'un roseau. D'autre part, un vieil et savant *aficionado* nous a garanti que ce *diestro* le fit seulement une fois, à Séville, en 1853 ou 54 : le roseau se rompit, le maître se cassa la jambe en tombant et mourut environ cinq mois plus tard des suites de sa blessure.

Martin Barcaiztegui (Martincho), *torero* basque qui vivait à la fin du siècle dernier, perfectionna un saut très dangereux exécuté pour la première fois par Manuel Bellon (El Africano) en 1754, à l'inauguration de l'ancienne *plaza* de Madrid. Le *diestro*, monté sur une table, attendait le taureau à sa sortie ; au moment où l'animal humiliait, il sautait par dessus. Cette *suerte* est représentée dans la collection d'eaux-fortes tauromachiques de Goya.

Un ou deux *diestros* doivent se tenir à portée de celui qui exécute le saut, afin de l'aider au besoin d'un *capeo* opportun.

# CHAPITRE VII

## CONSIDÉRATIONS PRÉLIMINAIRES SUR LA SUERTE DE VARA. — SUERTE A TORO LEVANTADO.

Pour suivre l'ordre d'après lequel les *suertes* se succèdent dans la *plaza,* nous devons nous occuper des passes de *vara.* Nous nous écarterons, en le faisant, de la méthode généralement adoptée par les écrivains tauromachiques qui étudient séparément le *toreo* à pied et le *toreo* à cheval. La nôtre nous paraît plus logique et plus simple; nos lecteurs *aficionados* seront, nous l'espérons, du même avis.

La *suerte de vara* est la source intarissable des lamentations des antitauristes; n'en comprenant pas l'incontestable utilité, ces messieurs la traitent de barbare et d'immorale.

Nous sommes malheureusement obligé de confesser que les passes de *vara,* telles qu'on les pratique aujourd'hui, sont véritablement un ignoble spectacle; mais de là à conclure qu'elles doivent être condamnées par tous *les* hommes civilisés, il y a loin. Un acte ayant un but fort louable ne peut-il pas donner un mauvais résultat, s'il est mal exécuté?

La consommation des *suertes de vara* exige de la part du *diestro* une connaissance achevée et une stricte observance des règles de l'art. Piquer des taureaux sans remplir ces deux conditions indispensables et sans disposer en outre des moyens matériels suffisants, c'est jouer simplement une parodie répugnante de la *suerte* à cheval.

Les abus journellement commis au mépris des lois de la tauromachie sont la véritable cause du discrédit attaché à la *suerte de vara*. Nous allons le prouver.

Pour remplir sa mission, le *picador* a besoin d'un cheval vigoureux et obéissant bien aux rênes : on lui donne une abominable rosse qui roule dans la poussière au premier choc. Résultat : chaque *vara* représente une culbute et un cheval estropié. Le *diestro* ne pouvant repousser le taureau, celui-ci éventre tout à son aise la monture de son adversaire.

Le *torero* à cheval doit être intelligent et d'une vigueur exceptionnelle. Se préoccupe-t-on de cela aujourd'hui? Quiconque, une fois dans sa vie, a osé s'approcher d'un taureau, se laisse pousser une *coleta*, descend dans l'arène, et mesure ses triomphes au nombre de ses chutes.

La décadence où est tombée la *suerte de picar* est imputable en grande partie à cette fraction du public qui assiste aux *corridas* sans connaître le premier mot du *toreo*, et qui, par ses hurlements et son attitude menaçante, oblige le *lidiador* à exécuter la *suerte* au moment le moins opportun et contrairement aux règles de l'art. Il n'est pas rare de voir les *espadas*, l'autorité elle-même contraindre le *picador* à piquer le taureau dans des conditions absurdes pour complaire aux spectateurs impatients.

Nous défions toute personne, taurophile ou non, qui aura vu pratiquer la *suerte de vara* d'après les principes, d'oser la traiter de barbare. De quoi pourraient se plaindre nos cœurs sensibles, s'il leur était donné de voir un de ces excellents *picadores* dont on rencontre si peu à notre époque, de voir un *corchado* en bas de soie piquer dans une *corrida* des taureaux de six ans, sans tomber une seule fois, sans laisser même égratigner son cheval ?

Tout le monde devrait favoriser le relèvement d'une *suerte* qui facilite l'exécution de toutes les autres et les rend plus brillantes. Peut-être d'ailleurs le jour n'est-il pas loin où, de crainte de pire, l'autorité sera obligée de réprimer de vive force les abus tolérés actuellement.

Le but de la *suerte de vara* se comprend sans peine : c'est de calmer la première ardeur des animaux de façon à ce qu'on puisse les courir.

— Nous avons dit combien est restreint le nombre des *suertes* auxquelles se prêtent les taureaux à l'état de *levantados*. — Le jeu de *garrocha* est une partie indispensable de la course ; aussi ceux qui en demandent la suppression s'illusionnent étrangement s'ils croient parvenir à leurs fins.

Le mérite de la *suerte de picar*, de nos jours comme autrefois, consiste à empêcher le taureau d'approcher assez près du cheval pour pouvoir le blesser ou le tuer. Un homme intelligent et adroit est seul capable d'atteindre ce résultat. On m'objectera qu'il est impossible de maintenir certains taureaux suffisamment déviés pour leur imposer la sortie avec la *vara* : les *pegajosos*, par exemple, qui ont une grande puissance dans la tête. C'est vrai, mais contre de tels animaux, on a la ressource de piquer à *caballo levantado* (à cheval levé) : on obtient ainsi les résultats désirés.

Ceci posé, et le lecteur sachant déjà où doit se placer le *picador* au commencement de la *lidia* (du combat), nous allons expliquer la *suerte de picar à toro levantado*, celle qu'on exécute la première et la plus efficace de toutes, car on la tente avant que le taureau n'ait perdu de sa naïveté :

Le *diestro* établi à son poste attend l'attaque de pied ferme. Au moment où il voit l'animal se diriger vers lui, il *s'arme*[1], porte le poids du corps sur la lance, fait appuyer la croupe en dehors à son cheval et montre son terrain au taureau. Celui-ci l'occupe immédiatement, sans obliger le *picador* à sortir par vitesse. On voit à quelle point cette *suerte* est facile. Cependant vis-à-vis de quelques classes de taureaux, il y a certaines précautions à observer.

Le *picador* ne laissera pas les *pegajosos* approcher trop près ; il résistera vigoureusement au choc et pèsera de toutes ses forces sur le bois pour qu'ils prennent leur sortie et lui laissent le passage libre. S'ils ne la prennent pas et forcent sur la pointe, il redressera un peu son cheval, piquera des deux et s'échappera du centre.

[1] Armarse. — Se mettre en position pour exécuter la suerte.

Avec les animaux *que recargan*, il faut user de prudence. Le *lidiador* tentera la *suerte* comme avec les *pegajosos*, à cette différence près qu'il n'essaiera pas de sortir, si les taureaux ne s'éloigent pas assez du centre pour qu'il puisse se dérober par vitesse sans risquer d'être atteint. Dans ce cas, il fera pivoter légèrement son cheval et restera *armé* afin d'être prêt à résister au retour offensif. S'il sort de *suerte* avec le taureau à ses trousses, il ne le perdra pas de vue : si la chose est possible, il le piquera pour l'éloigner; s'il ne peut y réussir, il finira la passe en laissant traîner sa lance à terre pour attirer sur elle les efforts de la bête. S'il est atteint par le taureau, il fera une chute rendue plus dangereuse par la vitesse de l'allure.

Avec un taureau *avanto*, on exécutera la *suerte* en masquant un peu la sortie pour que l'animal ne la prenne pas trop ouverte ; on le laissera approcher très près, car les *avantos* partent en déviant beaucoup et se dérobent aussitôt qu'ils rencontrent le fer. Le *diestro* se retirera plus ou moins vite, suivant son bon plaisir, sans courir aucun danger. Toutefois il n'oubliera pas que les taureaux de cette classe se collent à l'adversaire s'ils réussissent à passer sous la pointe, et qu'ils cherchent à le désarmer dès qu'ils sentent l'aiguillon. Pour éviter semblable aventure, le *lidiador* pointera bien sa lance et ne perdra pas des yeux l'endroit du cou de la bête où il doit piquer ; il pesera dur sur la hampe afin d'obliger le taureau à baisser la tête. Celui-ci étant *blando* (mou) sortira de *suerte* au gré du *torero*. Quelquefois les *avantos* foncent sur la croupe du cheval à la fin de la *suerte* : en pareille circonstance, le *picador* portera l'arrière-main de sa monture du côté où le passage est le plus ouvert.

La *suerte* à *toro levantado* est très difficile avec les taureaux *bravos* et *secos* qui demeurent peu de temps dans ledit état, et tout à fait impraticable avec les taureaux de toutes classes passés à l'état de *parados* (sauf peut-être le cas où ils seraient houspillés par un deuxième *picador* ou travaillés avec la *capa* par un *diestro* à pied).

Si, au moment où le taureau sort des *toriles*, le *picador* voit l'animal *changer*, c'est-à-dire arriver sur lui en longeant la barrière, il ne doit pas hésiter à prendre la fuite : attendre son attaque en pareille circonstance serait un acte de blâmable témérité. Avec un taureau *changé*, la *cogida* de l'homme est certaine.

Quand on piquera un taureau *levantado*, on tiendra la lance près de la pointe, en vertu du précepte de tauromachie qui dit : « Peu de hampe aux taureaux de beauconp de jambes, beaucoup de hampe aux taureaux de peu de jambes. »

# CHAPITRE VIII

MANIÈRES DE PIQUER SANS PERDRE DE TERRAIN,
DANS LA « RECTITUD » DU TAUREAU, A TAUREAU
OBLIQUE, A CHEVAL LEVÉ.

La manière de piquer la plus en honneur auprès des *aficionados* est celle dite *sin perder
tierra, suerte* réellement fort jolie, mais prati-
cable seulement avec des animaux assez sensibles au fer. Le *diestro* excite le taureau et le
laisse arriver à la *garrocha*. Au moment où la
bête humilie au centre, il pique à l'endroit
voulu, en appuyant ferme sur le bois pour
faire passer le taureau par devant la tête du
cheval, qui, jusque-là, n'a pas bougé de place.
A l'instant où le taureau va occuper son terrain, le *picador* porte franchement l'avant-main
de sa monture vers la gauche pour bien montrer la sortie à l'adversaire, et file par vitesse.

On comprend sans explications pourquoi,
avec des taureaux très énergiques, on ne doit
pas chercher à piquer *sans perdre de terrain :*

aucun homme n'aurait la force de résister au choc de pareils animaux. Le *lidiador* qui tenterait l'aventure pourrait s'estimer heureux s'il en était quitte pour une bonne culbute.

Quand on veut piquer en *rectitud*, il faut attendre que le taureau ait commencé à passer à l'état d'*aplomado*. La *suerte* dans la *rectitud* du taureau est presque identique à celle *à toro levantado* ; seulement, la première, pratiquée sur un animal devenu circonspect, est d'une exécution est naturellement plus difficile.

Le taureau peut être placé face à la barrière ou un peu obliquement, mais toujours suffisamment éloignée d'elle. S'il trouve moyen de le faire tout en conservant une distance de six à huit mètres de la croupe de son cheval aux *tablas*, le *picador* prendra position entre celles-ci et le taureau, de telle façon que les corps des deux animaux soient situés sur une même ligne droite. Le *diestro* provoque alors son adversaire et le laisse approcher à partir de *vara*.

Le taureau humilie. Le *diestro* le pique et pèse de toute ses forces sur sa lance, afin de l'empêcher d'atteindre sa monture et de lui indiquer la sortie ; il fait pivoter son cheval vers la gauche pour occuper le terrain voulu.

Quand bien même il serait peu sensible au
fer, le taureau, s'il a encore des jambes, passera sur son terrain à la première indication
du *picador*. Un *boyante* ne répète jamais l'attaque, en pareille occurrence, lorsque la *suerte*
a été convenablement exécutée.

La *suerte en rectitud* est une de celles qui
permettent le mieux au *picador* de montrer
son mérite. Il faut agir avec beaucoup de circonspection, quand on la tente sur des taureaux,
même très clairs, passés à l'état d'*aplomados*.
La caractéristique de l'état en question étant
l'épuisement des forces chez le taureau, il en
résulte que l'animal *aplomado*, sans être nullement devenu *pegajoso*, reste au centre de la
*suerte*, n'ayant plus assez de jambes pour sortir.
Si l'on veut exécuter la *suerte* d'une façon ac-
ceptable, il sera nécessaire en pareille circonstance de maintenir le taureau assez loin, afin
d'élargir le centre et de rendre la sortie plus
ouverte.

Le taureau *aplomado* sortant souvent avec
lenteur et s'arrêtant parfois à quelques pas
plus loin, le *diestro* devra filer rapidement, non
par crainte d'une seconde attaque, mais tout
simplement pour ne pas rester nez à nez avec

son adversaire, ce qui serait d'un effet peu gracieux.

Les taureaux collants sont susceptibles d'être piqués en *rectitud* ; pourtant il faut le faire avec prudence. Le *diestro* se place, comme s'il s'agissait d'un *boyante*, à la distance qu'il juge en rapport avec l'état des jambes de l'animal, en tenant sa *garrocha* plus ou moins près de la pointe, suivant le cas. Il provoque le taureau, et aussitôt que celui-ci part, il ouvre la sortie et fait obliquer légèrement son cheval, afin que le taureau, arrivé à juridiction, trouve son terrain complètement dégagé. Si le taureau n'est pas trop sec et s'il croit pouvoir le repousser sans laisser atteindre son cheval, le *picador* tentera la chose, car cette défense est toujours très brillante. Dans le cas contraire, il continuera à faire appuyer son cheval jusque sur son terrain propre, puis il piquera des deux et sortira par vitesse.

La *suerte* s'exécute de la même manière avec les taureaux *que recargan*, sauf à la fin. Au moment où, la passe terminée, la bête s'éloigne du centre en paraissant disposée à revenir à la charge, si elle s'écarte suffisamment pour le lui permettre, le *picador* sortira de *suerte* sans être inquiété. Souvent, par exemple, le taureau se lance à toute vitesse sur les traces du *diestro* dont, fort souvent, la monture n'a plus beaucoup de jambes. En pareil cas, l'homme continuera à fuir en tournant le haut du corps pour lui porter un coup de pointe. La plupart du temps, le taureau fera demi-tour, ou tout au moins rallentira sa course. S'il parvient à presser un peu sa monture, le *picador* terminera heureusement le voyage.

La *cogida* est certaine lorsque le taureau se trouve en face d'un cheval incapable de sortir rapidement de *suerte* : le premier renversera son adversaire et s'acharnera sur lui. Le *picador* qui montera un mauvais cheval ne cherchera jamais à sortir; il profitera de l'instant où le taureau prend du champ, avant de charger de nouveau, pour améliorer son terrain de façon à être prêt à soutenir un second ou un troisième assaut.

Les taureaux *que recargan*, étant en général peu sensibles au fer, ne parviennent presque jamais à toucher le cheval et laissent le champ de bataille au *torero* victorieux.

On piquera très rarement les taureaux avantos *en rectitud*, car ils se dérobent dès qu'ils sentent la pointe. Si par hasard ils insistent, on se conformera aux règles données ci-dessus.

Tous les taureaux peuvent être piqués *à toro atravesado* quand ils sont *aplomados* et en *querencia*.

Tenter la *suerte* sur un animal qui ne réunirait pas ces deux conditions serait très dangereux. La suerte *à taureau oblique* se distingue des autres en ce que l'on provoque le taureau en plaçant le cheval obliquement, de façon à présenter un peu le côté droit à l'ennemi. Dans cette position, on excite le taureau pour l'obliger à attaquer; au moment de la rencontre, on sort par devant la tête de l'animal qui, sentant le fer et se trouvant dans son emplacement favori, ne poursuit pas l'adversaire. Si, par extraordinaire, il le faisait, on devrait agir comme en terminant la *suerte* en *rectitud*.

Il faut, pour piquer *à cheval levé*, un *picador* très adroit, montant un cheval maniable et souple. Cette *suerte* si brillante, qui s'impose quand on a affaire à des taureaux braves, durs et puissants, cette *suerte* a presque complètement disparu de nos *plazas*. Piquer à *caballo levantado* serait un moyen qu'on verrait fréquemment employer sur nos arènes, si nous avions encore des *varilargueros* tels que Luis Corchado, Pablo de la Cruz, Hormigo, etc., etc., *diestros* qui ne se laissaient pas culbuter à chaque instant comme leurs successeurs. Si un jour nos *picadores* remettaient en pratique la *suerte* dont nous parlons, le jeu de *vara* aurait fait un grand pas dans la voie de sa régénération.

La *suerte de pica* à cheval levé diffère complètement des autres. Elle consiste à laisser venir le taureau à portée de *vara* en obliquant un peu le cheval vers la gauche, et, quand le premier arrive au centre, à lui permettre d'approcher jusqu'au poitrail du second qu'on enlève vivement en portant vigoureusement l'encolure dans la direction de la croupe du taureau, puis à sortir par vitesse. Jamais il ne se produira de *cogida* si la *suerte* est régulièrement exécutée, car au moment où le taureau humilie pour passer ses cornes sous le ventre du cheval, celui-ci pirouette sur les jambes de derrière et esquive le coup.

Les *boyantes*, les taureaux collants, les taureaux *que recargan* et les *avantos* se piquent tous aussi facilement à taureau levé, car dans ladite *suerte* les qualités particulières de ces animaux n'ont aucune importance.

# CHAPITRE IX

## DES SUERTES DE ZAONERO, ENCONTRADA ET A PIED.

De toutes les manières de piquer décrites par Montes, ce'le pour laquelle le maître semble éprouver une prédilection marquée est la *suerte* de Zaonero — nous ignorons absolument qui était ce Zaonero — *suerte* dont les règles sont en concordance parfaite avec les principes fondamentaux du *toreo* à pied.

Le *diestro* se place, comme pour la *veronica*, à la distance qu'il croit proportionnée à l'état des jambes du taureau. Il excite l'animal et le laisse arriver par son terrain. Quand le taureau humilie à *jurisdiccion*, le *diestro* le pique et occupe le terrain de dedans en lui découvrant celui de dehors. Ainsi procède-t-on du moins avec les *boyantes* et les *avantos*.

On opère de même avec les *pegajosos*. Seulement on engage davantage le cheval sur le çirain de dedans, et on est plus prompt à piquer et à repousser la bête; on se dérobe plus vivement devant elle afin qu'entraînée par son élan, elle ne puisse faire autrement que de continuer le voyage.

Les taureaux *que recargan,* qui sont si diffi- ciles à piquer dans les autres *suertes* et qui at- teignent si souvent l'adversaire en fuite, se tra- vaillent très aisément *à toro levantado.* On les traite comme les *boyantes,* en ayant soin ce- pendant de sortir de *suerte* à toute vitesse au moment de la division des terrains, afin de tromper leur seconde attaque.

Même façon d'opérer avec les taureaux *que se ciñen,* à cette différence près qu'on les reçoit en obliquant le cheval au moment où ils ar- rivent à la *vara,* après quoi on leur donne le *remate* suivant la classe à laquelle ils appar- tiennent.

Pour éviter que les taureaux qui gagnent du terrain se collent au terrain de dedans, il est indispensable de se placer rigoureusement dans leur *rectitud,* et de les provoquer le plus près possible (jamais pourtant plus près que trois *vares*). A part cela on les pique comme les taureaux *que se ciñen.*

Avec les *de sentido,* s'ils ne sont ni *pegajosos*

ni *que recargan*, il faudra prendre beaucoup de précautions et sortir vivement de *suerte*.

Nous n'avons jamais vu exécuter la *suerte de Zaonero*, mais elle nous paraît très possible. Elle doit être, pensons-nous, parfaite pour tromper l'attaque des taureaux qui *changent les terrains* où qui sont difficiles à éloigner des barrières. Nos *picadores* feraient bien de la pratiquer, en ayant soin toutefois de l'étudier à fond avant de s'y risquer. Mais les cavaliers qui entreprendraient de la remettre en honneur devraient être connus du public, sous peine de se faire huer par la majorité des spectateurs qui prendraient pour du mauvais travail cette innovation intelligente. Par exemple dans la *suerte de Zaonero*, les *cogidas* sont infiniment plus dangereuses que dans les autres, car l'homme, une fois par terre, se trouve à découvert et très mal placé pour gagner rapidement la barrière.

Pepe Hillo, dans son « Art de courir les taureaux », nous explique comment on pratique la *suerte encontrada* (contrariée) quand le taureau s'obstine à rester près des *tablas*, parce qu'il y a pris une *querencia* accidentelle, ce qui rend impossible de le piquer dans les conditions normales. Il raconte que le fameux José Daza l'exécutait avec l'agilité et le brio qui lui étaient particuliers. A son avis elle n'est pas du tout impraticable, car le taureau, toujours *de sentido* en pareille circonstance, ne manquerait pas de s'éloigner de la barrière dès qu'il sentirait le fer.

Malgré notre considération pour l'opinion de Hillo, et sans nier qu'on ne puisse parfois obtenir le résultat dont il parle, nous croyons qu'il n'en sera presque jamais ainsi, car, tout le monde le sait, il est très dangereux de piquer obliquement, et les *cogidas*, en pareil cas, sont trop souvent funestes. C'est probablement pourquoi les *picadores* s'abstiennent avec une telle unanimité d'employer les procédés en question.

Le même José Delgado décrit la *suerte* de *vara* à pied et en donne les règles. Elle se fait avec une *garrocha* de deux mètres cinquante au maximum. Le *diestro* se place dans la *rectitud* du terrain occupé par le taureau en tenant sa lance avec les deux mains; il porte un manteau sur le bras gauche. Dans cette position il excite l'animal, et dès que celui-ci arrive à *jurisdiccion*, il l'*ouvre* vers le dedans et le pique au *cerviguillo*. S'il manque le taureau et que celui-ci vienne à se coller, il s'en débarrassera au moyen du manteau dont il se servira en guise de *muleta*. Cette *suerte* sera brillante avec les *boyantes* et les taureaux mous, dangereuse avec les taureaux durs, et très périlleuse avec ceux *que se ciñen*, ceux qui gagnent du terrain et ceux qui poursuivent l'ennemi au sortir de *suerte* en cherchant le corps de l'homme. Le maître conseille de ne pas la tenter sur ces derniers.

Nous irons encore plus loin en engageant les *diestros* à ne jamais s'y risquer, même avec les taureaux regardés comme bons pour ce jeu.

On raconte que Juanijon piquait les taureaux à pied, monté sur les épaules d'un camarade. La chose n'a rien d'extraordinaire, étant donné que l'homme appelé à lui servir de monture était évidemment un *diestro* expérimenté, muni de quelque leurre à l'aide duquel il ouvrait à sa guise la sortie au taureau.

De cette *suerte*, il nous reste seulement le souvenir; la précédente est complètement oubliée.

# CHAPITRE X

## PARTICULARITÉS RELATIVES A LA SUERTE DE VARA·
## PRÉCEPTES GÉNÉRAUX.

Dans les *suertes de vara*, comme dans les *suertes* à pied, certains taureaux subissent de véritables transformations, transformations qu'il est indispensable d'étudier et de classer sous différents noms.

Quelques taureaux, *boyantes* et parfois même *blandos* à la sortie du *toril*, se, rebiffent et deviennent furieux aussitôt qu'ils sentent le fer. A partir de ce moment ils se comportent en *duros* et *pegajosos*. Ils restent tels pendant le premier tiers de la course; on doit agir vis-à-vis d'eux avec beaucoup de circonspection.

Chez les *pegajosos* qui manquent de puissance physique, il est fréquent de voir s'opérer une métamorphose favorable lorsque ces animaux ont été sévèrement piqués. On dit alors qu'ils *cèdent au bâton*, — mais ils reprennent vite leur humeur naturelle si la défense cesse d'être énergique. En pareil cas ils adoptent une tactique souvent funeste au *torero* : ils s'éloignent petit à petit pour prendre du champ et fondent sur leur adversaire qui est sûr d'être pris, aucun homme n'étant capable de résister à un taureau dont la force est doublée par l'élan. On appelle cela *charger de loin*. Beaucoup de taureaux procèdent ainsi dès le commencement du combat ; quelquefois ils sautent et atteignent le *diestro* en pleine poitrine. Celui-ci, pour éviter pareille aventure, doit voir venir avec attention et faire une retraite de corps en temps opportun.

L'animal qui, soit parce qu'il a pu passer sous la pointe, soit parce qu'il n'a trouvé qu'une molle résistance de la part du *picador*, a réussi à blesser une ou plusieurs fois l'ennemi, se change généralement en *pegajoso*. Si on ne se hâte pas de le châtier sévèrement, il devient terrible.

Certains taureaux, même des *boyantes*, sont doués d'une force tellement extraordinaire qu'ils parviennent toujours à atteindre le cheval ; ils lui percent généralement l'épaule ou la poitrine. On dit de ces animaux qu'ils *arrivent toujours*.

Il faut bien observer les allures des taureaux

*duros* et *pegajosos*, la direction de leurs regards et le point de l'arène pour lequel ils semblent manifester une préférence. Le *picador* évitera d'arrêter son cheval à l'endroit où ils auront pris *querencia*, car, dans cette situation, ils ne s'effrayent pas du châtiment, mais tout au contraire entrent en furie contre leur adversaire et lui font mordre la poussière.

Après avoir décrit des différentes transformations que les *picadores* peuvent constater chez les taureaux, nous nous permettrons de donner ici quelques conseils et quelques règles dont la connaissance est indispensable à ceux qui manient la *garrocha*; nous terminerons ainsi la partie de notre manuel consacrée à la *suerte de vara*.

Plus un taureau sera dur et féroce, plus le *picador* devra garder soigneusement le contact avec lui. La *suerte* se présentera dans des conditions très favorables, mais il faudra opérer sans précipitation, et ne jamais s'éloigner du centre sans avoir bien porté le coup de pointe.

Quand le *picador* se verra obligé d'aller tenter ses *varas* au milieu de l'arène, il marchera tranquillement vers le taureau jusqu'à ce qu'il arrive à distance convenable. Si l'animal hésite à partir, il l'y invitera en faisant deux petits pas en avant. Si, malgré tout, le taureau ne se décide pas à attaquer, il avancera lentement de deux pas encore plus courts et continuera ainsi à se rapprocher de son adversaire, mais en ayant soin de s'arrêter au moins à trois pas de lui. Il n'avancera pas davantage, car le taureau pourrait alors atteindre son cheval du premier bond, et la *suerte* deviendrait périlleuse. Quand le *picador*, placé sur son terrain en face du taureau, constatera, après quelques moments d'attente, que celui-ci ne se dispose pas à le charger, il placera son cheval obliquement à la *rectitud* de l'animal et améliorera son terrain en cherchant toujours à attirer l'ennemi hors de la *querencia*, car il est impossible de cacher la sortie à un taureau lent à partir.

Il faut au *picador* des chevaux dont il soit sûr, des chevaux très maniables, capables de sortir lestement de toutes les *suertes*. Avant la lutte, il aura soin de cacher les yeux, ou tout au moins l'œil droit de sa monture; s'il néglige cette précaution, il s'exposera à bien des contretemps. Il est très important qu'un cheval sache rester dans la position où l'a placé son cavalier. Les *picadores* disent de l'animal doué de cette qualité précieuse *qu'il tient bien à la terre.*

Le *diestro* ne doit lâcher sa *vara* qu'à la dernière extrémité, d'abord parce qu'il peut avoir
besoin de son arme, ensuite parce qu'il est
disgracieux de l'abandonner. S'il y est contraint
par les circonstances et que le taureau s'acharne
contre son cheval, il tâchera d'empêcher celui-ci
de s'abattre et de le soustraire aux cornes de
son ennemi. En aucun cas il ne lâchera les rênes.

Les *picadores* doivent savoir comment se
comporter une fois par terre ; s'ils ignorent ou
négligent les règles prescrites en pareil cas, ils
courent un grand danger. La chose la plus à
redouter pour le *diestro*, c'est de tomber de façon
à se trouver étendu contre son cheval, les
pieds sur l'encolure et la tête vers l'arrière-
train. Cette position est très critique, car il se
trouve complètement à découvert et risque de
recevoir des coups de pieds dans la tête. Aussitôt renversé, le *picador* doit saisir les rênes
le plus près possible du mors, et maintenir
son cheval en tâchant de s'en faire un rempart ;
il déchausse les étriers afin de ne pas être
traîné, au cas où l'animal se relèverait.

Si la chute a lieu près des *tablas*, le *diestro*
aura soin de présenter le flanc, le choc étant
ainsi moins douloureux. S'il a conservé sa

*vara* en tombant, il pourra piquer le taureau sur le mufle pour l'éloigner. En dernier 'ieu, il cherchera toujours à s'abriter derrière son cheval et à se placer plutôt vers l'encolure que vers la croupe, le taureau encornant toujours la partie du *bulto* la plus volumineuse.

Rien n'est plus lâche, rien n'est plus déshonorant pour un *picador* que d'abandonner trop tôt le combat *(al olivo)*. La chose est seulement permise lorsqu'on se trouve désarmé, et qu'on monte un cheval criblé de coups de cornes et déjà demi-mort.

# CHAPITRE XI

## SUERTE DE BANDERILLAS. — MANIÈRE DE PLANTER AL CUARTEO.

La *suerte de banderillas* occupe le second tiers du combat. On appelle *banderillas* deux bâtons de soixante-dix à quatre-vingts centimètres, généralement recouverts de papier de couleur terminés à l'une de leurs extrémités par une pointe de harpon en fer et destinés à être plantés dans le cou du taureau.

Comme tous ceux qui précèdent la *suerte* suprême, le jeu des *banderillas* a pour objet de diminuer les forces de l'animal en le faisant s'épuiser en vaines attaques. Il se pratiquait déjà, d'une façon primitive à la vérité, dans les âges les plus reculés du *toreo*, mais il commença seulement à se régulariser à l'époque où Juan Romero organisa les *cuadrillas*.

Autrefois les *rehiletes* ou *arpones*, comme on les appelait alors, se posaient très rarement par paires : le *diestro* en plantait un seul à la fois, en courant, le bras gauche armé du manteau.

On ne sait pas au juste à quel moment s'introduisit l'usage de piquer les *banderillas* par couples, ni quel fut l'auteur de cette innovation. Pour notre part, nous pensons que plusieurs *diestros* adoptèrent simultanément la nouvelle méthode au commencement de notre siècle. Depuis lors, la *suerte de banderillas* progressa constamment, pour atteindre son apogée en 1858, avec l'invention du fameux *cambio* qui valut tant de lauriers au célèbre *espada* Antonio Carmona (Gordito).

Les hommes du métier et les amateurs connaissent aujourd'hui sept manières de pratiquer la *suerte* dont nous parlons. Elle se fait : *al cuarteo*, à *topa-carnero*, *al sesgo* ou *al trascuerno*, *al relance*, à la *media vuelta*, et en exécutant le *quiebro*.

La première manière est actuellement la plus en faveur chez nos *diestros*. Dédaignant, dans leur engouement pour elle, de rechercher un jeu plus brillant, ils la répètent au point d'en arriver parfois à ennuyer le public et à rendre monotone une partie du spectacle si féconde en incidents variés. Pourtant rien ne saurait expliquer cette manie : il y a d'autres manières de *parear*[1] aussi gracieuses; de plus, le *cuarteo* pratiqué systématiquement peut devenir une *suerte* dangereuse, les taureaux devant être courus de la manière la plus appropriée à leur caractère, et non d'après un procédé uniforme. Les *banderilleros* feraient beaucoup mieux de s'habituer à exécuter toutes les *suertes*, de façon à pouvoir choisir celle qui convient le mieux à chaque animal.

Pour planter les harpons à un taureau *sencillo* ou *boyante*, soit *parado*, soit à l'état de *levantado*, l'homme se placera bien en face de son adversaire, à la distance qu'il jugera convenable, et le provoquera. Aussitôt que le taureau l'aura aperçu, le *diestro* se portera vers lui en décrivant un demi-cercle, comme pour les *recortes*, demi-cercle aboutissant au centre; il prendra la position de *cuadrado*[2], occupera son terrain et sortira par vitesse.

On peut aussi exécuter la *suerte* en posant les bois avant de se *cuadrar*, à l'instant où le taureau se prépare à frapper. En pareil cas, le *diestro* se trouvant dans l'*embroque* et devant

[1] Planter la paire de banderillas.
[2] Participe passé du verbe *cuadrarse*, qui signifie se mettre près du cou du taureau à l'abri du coup de cornes.

beaucoup se pencher en avant pour atteindre l'animal au moment où celui-ci humilie, il se hâtera de gagner son terrain aussitôt les *banderillas* fixées, car il ne peut attendre le coup de tête comme au *cuarteo* précédent.

Quoiqu'il y ait quelques circonstances où cette seconde manière de procéder s'impose, la première est généralement préférable comme plus brillante, et aussi plus sûre en ce qu'elle n'expose pas le *lidiador* à tomber entre les cornes de son ennemi, s'il vient à manquer le mouvement.

Quel que soit le procédé employé pour *parear*, les bois doivent être plantés dans les *rubios*[1], le plus près possible l'un de l'autre. Pour obtenir ce résultat, le *diestro* pique en levant bien les coudes et en tenant les mains très rapprochées. Toutes les fois qu'on se trouvera en présence de taureaux *revoltosos,* on aura soin de ne pas faire de fausses sorties ; la chose, toujours disgracieuse en elle-même, serait dangereuse avec de semblables animaux, qui sont avides de chair et attaquent d'une façon tellement foudroyante qu'ils obligent le *diestro* à chercher

---

[1] Endroit du cou situé au-dessous du chignon.

son salut dans la vitesse de ses jambes. En conséquence, lorsque le *lidiador* tentera le *cuarteo* sur un *revoltoso*, il s'esquivera lestement du centre aussitôt ses *banderillas* posées, sinon le taureau, prompt à se *reprendre* comme tous ceux de sa classe, l'attrapera certainement pour peu qu'il conserve quelque force dans les jarrets.

Avec les taureaux *que se ciñen*, le *lidiador* prendra plus de terrain qu'avec les précédents, de crainte de se voir barrer la sortie au cas où il aurait affaire à un animal agile. Si la *suerte* est bien exécutée, il sera très rarement obligé de sortir avec vitesse.

Les taureaux qui gagnent du terrain ne sont pas les meilleurs pour le *cuarteo*, néanmoins on peut tenter sur eux ladite *suerte* sans s'exposer. S'ils sont *parados*, on opère comme à l'ordinaire, mais s'ils poursuivent le voyage, on tient compte de leur propension à couper la retraite à l'adversaire et on agit comme il suit :

Le *diestro* marche droit au taureau, en observant de quel côté ce dernier tourne la tête. Arrivé tout près de la bête, il décrit brusquement le demi-cercle du *cuarteo* et cherche la sortie du côté opposé à la direction vers laquelle obliquait le taureau. L'animal perdant de vue son ennemi demeure un instant interdit.

Quand on opère avec des taureaux *de sentido*, il faut déployer une grande prudence. Ces taureaux, outre leur habitude de s'acharner à la poursuite de l'homme, en ont une autre aussi dangereuse : ils retiennent leur course pour bien observer leur antagoniste et souvent relèvent la tête de façon à cacher leur cou, une fois arrivés au centre. En dépit des difficultés que nous signalons, on parvient à *parcar al cuarteo* sans danger les *de sentido* en opérant comme pour ceux qui gagnent du terrain, c'est-à-dire en tâchant de planter les harpons *de dehors*, sans marquer aucun temps d'arrêt au centre, et en filant ensuite à toutes jambes, le coup réussi ou non. Quelquefois le *torero* pourra se voir enfermé entre les cornes, au moment de la sortie ; il échappera à ce danger au moyen d'un *quiebro* lestement exécuté : il ne se mettra pas *cuadrado* et ne s'arrêtera pas pour planter la *banderilla* du côté de l'*embroque*, mais, comme le taureau, trompé dans son attaque, le dépassera un peu, il en profitera pour poser son second bois après avoir évité le coup de tête. Il n'essaiera jamais de terminer la *suerte*, si le taureau n'est pas un peu éloigné de lui, car il serait infailliblement pris.

Les taureaux de toutes les classes, excepté les *francos*, les *sencillos* et les *avantos*, doivent être suffisamment fatigués avant d'être soumis à la *suerte de banderillas*, surtout au *cuarteo*.

Les *avantos*, quand ils ne se dérobent pas, se prêtent bien au *cuarteo*, pourvu qu'on les laisse suffisamment approcher. Peu importe avec eux de se trouver dans l'*embroque*, car ils se jettent hors de *suerte* aussitôt qu'ils sentent le fer.

Pour les *burriciegos*, il faut tenir compte de la classe à laquelle ils appartiennent. Ceux de la première doivent être pris à l'état de *levantados*; on attendra au contraire que ceux des autres classes aient perdu beaucoup de leurs forces avant de commencer le jeu des *banderillas*, vu l'habitude qu'ils ont presque tous de charger le *diestro* à l'issue de la *suerte*.

Les taureaux borgnes sont très faciles à *cuartear*; on commence l'attaque comme s'il s'agissait d'un *recorte*, en ayant soin, bien entendu, d'employer les moyens appropriés au genre de vue de chaque animal.

Lorsque le *lidiador* se trouvera en présence d'un taureau se dirigeant vers sa *querencia*, il prendra suffisamment d'avance sur lui, car l'animal, même s'il est *boyante*, tentera de l'empêcher de passer, manœuvre dont le succès sera certain si le taureau est de *sentido* ou gagne du terrain. Dans les circonstances indiquées, la *suerte* se consommera sans péril ; elle pourra même être brillante si le *diestro* attend son adversaire près de la *querencia*, et forme le *cuarteo* de façon à la lui laisser libre au moment suprême.

Les *suertes* de *cuarteo* exécutées sans se *cuadrar*, par derrière la tête ou *libre de cacho* (hors de la vue du taureau), sont quelquefois appelées *de sobaquillo*. Elles sont peu glorieuses, mais ont du moins pour elles l'avantage de la sécurité.

# CHAPITRE XII

## Banderillas al topa-carnero et al sesgo.

La *suerte* à *topa-carnero*, appelée aussi *de pecho* (de poitrine), est sans conteste la plus difficile comme exécution. Le *lidiador* se place à bonne distance du taureau, et dès qu'il voit que ce dernier l'a aperçu, il *réjouit* son attention pour l'inviter à charger. L'homme attend la bête de pied ferme ; au moment où elle humilie, il sort de l'*embroque*, non pas en faisant une simple flexion de hanches, comme le dit Montes, mais en rompant franchement d'un pas, ainsi que le prescrit Garcia Baragaña dans ses *Règles pour courir les taureaux à pied*. Par l'expression « rompre d'un pas » Baragaña entend évidemment « rompre du côté vers lequel la retraite semble le plus assurée ». Le *banderillero* plante sa paire, le corps en dehors de l'*embroque*, et sans bouger sensiblement de place; après quoi, toujours immobile, il n'a plus qu'à regarder filer le taureau. Ainsi exécutée, la *suerte* est l'un effet magique et soulève à juste titre les applaudissements du public.

Le *diestro* ne tentera pas le *topa-carnero* sur les *revoltosos* ayant encore des jambes, parce que dans cette *suerte*, plus que dans aucune autre, ils sont prompts à se *reprendre* et à se lancer à la poursuite de l'adversaire. Cette manière de poser les bois est dangereuse avec les *de sentido*, les taureaux *que se ciñen* et les taureaux qui gagnent du terrain.

La *suerte* se pratique sur les *avantos* identiquement de la même manière que sur les *boyantes*. Pour les taureaux borgnes, le *torero* a soin de se placer du côté de leur mauvais œil : se dérobant ainsi à la vue de l'ennemi, il évite de se trouver contraint à sortir par vitesse.

On tentera ou l'on ne tentera pas la *suerte* sur les *burriciegos*, suivant qu'ils appartiennent à telle ou telle classe. Les taureaux de la seconde, qui ne distinguent pas nettement l'adversaire, ont coutume de s'arrêter avant d'arriver à lui. Quand le *diestro* se trouvera en présence d'un taureau présentant cette particularité, sans cesser de le provoquer de la voix et du geste, il se rapprochera de l'animal de façon à bien lui offrir son corps pour objectif. Si, malgré tout, le taureau ne répond pas aux provocations, l'homme attaquera un *cuarteo* : sortir sans achever la suerte serait à la fois laid et périlleux.

Avec un taureau arrivant *levantado* ou gagnant sa *querencia*, la *suerte* est brillante, car l'animal se lance franchement sur la masse qui lui fait obstacle : l'objectif disparaissant à ses yeux au moment où il baisse la tête pour frapper en même temps qu'il sent les harpons entrer dans sa chair, le taureau, loin de s'arrêter, accélère sa course.

La suerte dite *al sesjo* ou *al trascuerno* est appelée *à vuela piès* par Montès parce que le *diestro* plante ses *banderillas* à la course dans le cou du taureau arrêté. Elle se fait généralement sur des taureaux *aplomados* en *querencia*, près de la barrière ou sur tout autre point de l'arène. On ne doit pas la pratiquer en dehors des conditions indiquées ci-dessus.

Il y a deux manières de planter les harpons *al sesgo* : leur seule différence consiste dans la façon dont est placé le taureau au moment où le *torero* attaque. La première est seule admise par Montès, on procède comme il suit :

Le *diestro* se met derrière le taureau et un

peu de flanc, à une distance calculée d'après le plus ou moins de jarret de l'animal. Il se rapproche de l'encolure de celui-ci sans être vu, plante ses *banderillas* et file à toute vitesse. Le *diestro* opère en dehors de l'*embroque*, mais s'il ne se hâte de fuir aussitôt les bois fixés, le taureau se retournera : il en résultera pour l'homme un *embroque de cuadrado* à courte distance auquel il ne saurait échapper.

Le second genre de *sesgo* est aujourd'hui le plus fréquemment usité. Le taureau étant en *querencia* près de la barrière, le *banderillero* se place entre celle-ci et l'animal qu'il s'efforce, par ses provocations, de faire obliquer un peu. Ce résultat obtenu, il part vivement à la rencontre du taureau en décrivant une courbe imperceptible et plante ses *banderillas* à la course. Si en courant attaquer la bête, il s'aperçoit qu'elle se traverse ou se redresse trop, il change de direction et sort de la *suerte*, à moins qu'il ne l'exécute à *media-vuelta,* manière infiniment moins dangereuse que la précédente.

Le *sesgo* est possible avec les taureaux de toutes les classes, pourvu que ces animaux se trouvent dans les conditions signalées plus haut. La *suerte* est des plus faciles avec les taureaux borgnes.

# CHAPITRE XIII

## BANDERILLAS AL RELANCE AL RECORTE ET A LA MEDIA VUELTA.

On appelle *relance* une passe de *banderillas* dans laquelle le taureau ést attaqué au sortir d'une autre suerte, bondissant de douleur sous la piqûre des harpons ou lancé à la poursuite d'un manteau, mais toujours *levantado*. Le *diestro* se porte à la rencontre de l'animal, prend la position de *cuadrado*, plante les bois et sort par son terrain, la plupart du temps sans avoir besoin de se presser, car le taureau, emporté par son élan, revient rarement sur ses pas.

La *relance* s'exécutant à l'improviste sur-prend toujours le public et par là même produit beaucoup d'effet.

Le *recorte* et la *suerte* se pratiquent le moins fréquemment pendant le deuxième tiers de la course. Le *recorte* est si difficile et si joli que l'incomparable Paquiro lui a donné le nom de *nec plus ultrà du jeu de banderillas*.

Le *diestro* disposé à tenter la *suerte* s'avancera vers le taureau comme pour un *recorte ;* au moment du *quiebro*, l'animal étant humilié, il plantera les bois. Après avoir exécuté la flexion de hanches, il retardera la sortie et attendra pour poser sa paire que le taureau ait donné le coup de tête, se collant pour ainsi dire contre la bête. Pour pouvoir consommer la *suerte*, il devra avoir la main du côté du taureau tournée à revers, l'autre main dépassant la poitrine d'une longueur telle que les pointes des harpons se trouvent à égale hauteur. Ainsi plantés, les bois pendront d'arrière en avant. Le *bande- rillero* sortira par vitesse.

Le *torero* ne devra jamais risquer cette brill- lante *suerte* s'il n'est pas très rompu aux *re- cortes*. Dans tous les cas, il aura soin de bien accentuer la retraite de corps au moment du coup de tê.e, ce mouvement dût-il l'empêcher de planter sa paire, car il vaut mieux garder ses *banderillas* en main que de se faire embrocher.

On n'exécutera le *relance* avec les *boyantes* que s'ils sont *levantados ;* la chose serait trop dangereuse dans d'autres conditions.

La *suerte* est très facile à pratiquer sur les taureaux borgnes se trouvant dans ledit état.

TAUROMACHIE        8

Pour la *media vuelta*, l'homme se place derrière la bête et la provoque lorsqu'elle se retourne ; il prend la position de *cuadrado* et plante sa paire. On peut exécuter le coup, le taureau étant *parado* ou *levantado*, en l'appelant de près ou de loin.

Si le taureau qu'il veut *parear* est franc, le *diestro* se mettra à courte distance derrière lui. Au moment où la bête, prévoyant l'attaque, se retournera en humiliant, il s'approchera d'elle du côté où elle fait demi-tour, posera les harpons et filera par vitesse. Il n'attaquera pas avant d'avoir vu dans quel sens se dessine la demi-volte, car, lorsque le taureau se retourne du côté opposé à celui vers lequel on le sollicite, l'homme est *embrocado*[1] de face à courte distance et n'a que de bien faibles chances de sortir sain et sauf de ce mauvais pas.

On s'efforcera de faire exécuter le demi-tour à l'animal par le terrain de dehors, la sortie s'effectuant alors par le terrain de dedans : la *suerte* sera plus régulière si l'homme et le taureau finissent normalement chacun dans son terrain ; de plus, au cas où la bête reviendrait

---

[1] Pris dans l'embroque.

sur le *diestro*, ce dernier se trouvera vite abrité par la barrière.

Tous les taureaux se prêtent à la *media vuelta*, à condition qu'on leur fatigue préalablement les jambes ; pourtant les *de sentido* se laissent rarement *parear* de la sorte, quand on ne les prend pas par le dehors.

Pour attaquer de loin un taureau arrêté, on s'avancera en appuyant du côté vers lequel on voudra que l'animal tourne. Arrivé à quelques pas de lui, on le provoquera de la voix.

La *suerte* au demi-tour est plus belle et en même temps moins périlleuse, exécutée sur un taureau *levantado*. Le *diestro* poursuit la bête jusqu'à ce qu'il s'en soit rapproché à distance convenable. Il attire alors l'attention du taureau par des cris et continue le voyage en se portant sur le flanc de l'animal, de façon à être bien vu de lui. A l'instant où le taureau fait demi-tour, il prend la position de *cuadrado* et plante ses bois comme il a été dit plus haut.

En pareil cas, le taureau se dérobe le plus souvent au lieu de faire pour le corps ; c'est pourquoi il n'y a pas nécessité de sortir par vitesse.

Le moment le mieux choisi pour exécuter la

*media vuelta* nous paraît être celui où l'animal vient de recevoir une paire de *banderillas* d'un autre *diestro*, car il ne songe alors qu'à se débarrasser de la piqûre douloureuse des harpons et ne s'occupe pas de l'homme.

———————

# CHAPITRE XIV

## Suertes de banderillas al quiebro.

S'il était possible de rappeler à la vie l'inou-
bliable *diestro* qui traitait le *recorte* de *non plus
ultra* et de lui faire connaître les deux *suertes*
dont nous allons parler dans ce chapitre, peut-
être aurions-nous la satisfaction de le voir con-
céder la palme à ces dernières. Elles sont réellement si belles et si émouvantes que la plupart
des spectateurs sont incapables de les observer
avec assez de sang-froid pour, en saisir les
détails.

La première des *suertes* de *quiebro* s'exécute
de pied ferme, le *lidiador* face au taureau
et dans sa *rectitud*, les talons joints. Ainsi
placé, il provoque l'animal. Aussitôt que celui-
ci part, le *torero* incline d'un côté la partie supérieure du corps afin de bien la donner comme
objectif à l'ennemi. L'animal humilie ; le *diestro*
se redresse sans bouger les pieds et plante ses
*banderillas*. Le taureau leurré donne le coup de
cornes dans le vide.

La seconde espèce de *quiebro* est encore plus émotionnante. Le *lidiador* muni d'une chaise se porte à la rencontre de son adversaire. Ne conservant pour auxiliaires que son courage et son adresse, il éloigne ses camarades dont la présence pourrait distraire l'attention de la bête. Il va s'asseoir en face du taureau et le provoque. Si l'animal ne répond pas à son défi, il s'en rapproche petit à petit, jusqu'à *jurisdiccion*. Il doit agir avec beaucoup de circonspection, car le taureau peut partir d'un instant à l'autre.

La physionomie de celui-ci est alors curieuse à observer : il ouvre de grands yeux étonnés ; il se rassemble ; il regarde le *diestro* d'un air farouche, en aspirant largement l'air. On comprend à son attitude qu'il redoute quelque nouveau piège.

Le taureau répondant à la provocation, le *diestro* attend impassible que l'animal ait humilié ; il se lève vivement alors en faisant un pas de côté, prend la position de *cuadrado* et plante ses *banderillas*. Le taureau déçu lance en l'air la chaise vide.

Les deux *suertes* décrites ci-dessus portent également le nom de *quiebro* ; elles diffèrent en ce que, dans la première, la bête, arrivée au centre, oblique un peu relativement à la direction primitive, ce qui permet au *torero* de rester en place, tandis que, dans la seconde, le taureau continue le voyage en ligne droite, l'homme étant obligé de se déplacer légèrement pour planter les bois, chose qu'il ne pourrait faire assis. La position des bras du *diestro* est naturelle dans le premier cas, contractée dans le second et semblable à celle qu'on prend pour le *recorte*.

Antonio Carmona (Gordito), que nous avons vu souvent pratiquer la *suerte* dont il est l'inventeur, conseille de la tenter seulement sur les taureaux braves et francs, en ayant soin de les voir venir avec la plus grande attention afin de ne pas exécuter mal à propos la flexion de corps. Il recommande par dessus tout de garder l'immobilité jusqu'au dernier moment.

Si notre mémoire est fidèle, les *quiebros* de pied ferme furent exécutés pour la première fois à Séville, en avril 1858, et le *quiebro* assis à Lisbonne, en 1859, aux applaudissements frénétiques des spectateurs.

## CHAPITRE XV

### Histoire de la suerte suprême.

Dans les premiers âges du *toreo*, la mort de la bête ne formait pas à proprement parler une *suerte* spéciale. Pour tuer les taureaux en champ clos, on employait une foule de moyens dont le choix n'était soumis à aucune règle : on se servait à volonté de la lance de guerre, d'un simple javelot, d'un grand couteau tranchant, ou bien encore d'une énorme lance terminée en demi-lune, avec laquelle on coupait le jarret aux animaux qu'on leurrait à l'aide de la *capa* ou du *ferreruelo*[1].

De tous ces procédés, lâches, grossiers et défectueux, le meilleur ne valait rien ; la nécessité se faisait sentir de chercher une façon moins sauvage de donner la mort aux taureaux. Heureusement pour la tauromachie, l'immortel Francisco Romero la trouva. Dès ses plus jeunes années, il avait deviné la possibilité de tuer les taureaux à l'aide de l'épée et

[1] Sorte de manteau.

de la *muleta*. Cette idée ne quittait pas son esprit : il résolut de la mettre en pratique et le fit plusieurs fois avec succès. Enfin, sûr de lui-même, il convoqua le public à une *corrida* dans laquelle, annonça-t-il, il tuerait les animaux suivant le procédé imaginé par lui.

Le grand jour arriva. Ce fut, d'après Abenamar dont l'assertion nous paraît indiscutable, en l'année 1726. Les habitants de Ronda et des localités voisines accoururent en foule, avides de contempler un spectacle aussi émouvant que nouveau.

Les spectateurs demeurèrent frappés d'admiration et de stupeur pendant le prologue de la terrible épreuve, lorsqu'ils considérèrent la faiblesse de l'homme opposée à la férocité, à la force prodigieuse et aux redoutables armes de la bête. Mais leur terreur se changea en élans de joie quand ils virent le *diestro* sortir victorieux du combat ; ce fut par des acclamations enthousiastes qu'ils proclamèrent la supériorité de l'intelligence sur la force brutale.

L'heureuse issue de la tentative de Francisco enhardit tous les adeptes du *toreo* ; une nouvelle course, organisée par les partisans du maître, acheva d'assurer le triomphe d'une idée caressée par lui depuis si longtemps.

Étant arrivé, grâce à une observation persé-
vérante et réfléchie, à connaître parfaitement
toutes les particularités du caractère des taureaux, Romero ne craignait pas d'attendre son
adversaire de pied ferme. Impassible, il le voyait
venir, lui ouvrait la sortie avec le leurre, et,
d'une vigoureuse détente de bras, lui plongeait
l'épée dans la nuque. La plupart du temps, le
taureau tombait du premier coup.

On voit que l'invention de la *suerte de muerte*
appartient à Francisco Romero : sa façon de
tuer est celle appelée de nos jours *suerte de re-*
*cibir* (suerte de recevoir).

Plusieurs auteurs tauromachiques, désireux
de s'écarter de la croyance générale, réclament
la gloire d'avoir inventé l'estocade de mort
pour divers *caballeros* ou *toreros.* S'il est vrai
que, parmi les premiers, quelques-uns tuèrent
dans l'arène à pied et l'épée en main avant
Romero, il est certain du moins qu'ils ne con-
naissaient pas la *muleta* et combattaient en se
dérobant au taureau, sans jamais l'attendre de
pied ferme. Quant aux *toreros* de profession, les
frères Palomo et El Africano, la chose est prou-
vée par des documents indiscutables, prati-
quèrent la *suerte* suprême entre 1748 et 1760,

c'est-à-dire assez longtemps après les débuts
de Romero.

Pedro Palomo, Costillares et Jeronimo-José
Candido nous ont légué diverses autres manières d'effectuer la *suerte* suprême dont nous
parlerons en temps opportun ; les *diestros* qui
brillèrent après eux les modifièrent, les per-
fectionnèrent et en rendirent la consommation
facile avec tous les taureaux, en n'importe quel
état physique. Le dernier acte de la tragédie
tauromachique perdit ainsi sa monotonie primitive.

Depuis l'invention de la *muleta*, c'est à peine
si l'on compte quelques *matadores* ayant tué
sans l'aide de ce précieux engin auquel on n'a
jamais trouvé rien de mieux à substituer.

La *suerte* de mort est la plus brillante de
toutes, mais aussi la plus difficile, car au moment où elle se pratique, le taureau, instruit par
l'expérience, agit avec une astuce qui le rend
très redoutable ; elle comprend deux parties
distinctes : les passes de *muleta* et l'*estocade*.

# CHAPITRE XVI

## Passes de muleta.

La *muleta*, engin défensif des *espadas* pendant la *suerte* finale, consistait autrefois en un simple morceau d'étoffe, de forme et de grandeur quelconques, que le *diestro* portait plié en deux sur un court bâton, ou fixé à son bras gauche. Elle se compose aujourd'hui d'un manteau rouge, moins ample que ceux employés pour courir les taureaux, ayant à hauteur du collet un trou dans lequel vient s'engager le bout ferré d'un bâton, long de cinquante centimètres et de la grosseur d'un bois de *banderilla*, qu'on tient par l'extrémité opposée à la pointe, en conservant dans la main les deux coins de la cape. L'étoffe forme un carré dont l'angle inférieur du côté du *torero* est arrondi.

Le maniement de la *muleta* s'est beaucoup perfectionné depuis l'invention de ce leurre. Jadis il servait uniquement à indiquer la sortie au taureau ; de nos jours il constitue le meilleur moyen de défense du *torero*. Si ce dernier sait bien *trastear*[1], il réglera parfaitement la tête des animaux qui la portent mal et amènera au degré de fatigue voulu ceux qui ont conservé trop de jambes.

Toute *suerte* exécutée par le *matador* à l'aide de la *muleta* reçoit le nom de passe. On pratique actuellement sur nos arènes un très grand nombre de passes de *muleta*, les unes classiques et décrites dans les tauromachies, les autres exécutées d'une façon fantaisiste par les *diestros*.

La plupart du temps, le *trasteo* d'un taureau commence par une passe dite naturelle ou régulière. L'homme se place bien en face de la bête, le leurre dans la main gauche, incliné vers le terrain de dehors. Il prend position plus ou moins près de l'animal, suivant l'état des jambes de celui-ci, et le provoque. Il laisse le taureau arriver à *jurisdiccion*, de manière à ce qu'il fixe bien son attention sur l'étoffe, et charge et termine la *suerte* comme on le fait avec le manteau. S'il se trouve en face d'un

---

[1] Faire des passes de *muleta*.

taureau *boyante*, il a soin de lui montrer la *muleta* déployée dans toute son ampleur, car les animaux de cette catégorie, qui suivent toujours leur terrain propre, se jettent franchement sur l'étoffe et finissent régulièrement la *suerte*. En pareil cas, on doit présenter le flanc au taureau, au moment de charger la *suerte*, et pivoter de nouveau d'un quart de tour dans le même sens, après le coup de cornes, de façon à se retrouver face à l'ennemi.

Deux passes régulières exécutées coup sur coup, en faisant décrire un cercle complet à la *muleta*, forment une passe en rond (*en redondo*). Les passes où l'on enlève le chiffon par dessus le taureau humilié s'appellent passes par en haut (*por alto*) ; elles prennent le nom de passes de rideau de théâtre (*de telon*) quand on retire le leurre perpendiculairement de bas en haut.

Les passes naturelles, les passes en rond ou par en haut peuvent se faire en tenant la *muleta* de la main droite, par dessus l'épée. Pourtant les passes de main droite ne sont jamais aussi brillantes que les autres.

Pratiquées avec l'une ou l'autre main, les passes naturelles tendent au même but : fatiguer les jambes du taureau en lui faisant

exécuter des mouvements contrariés propres à
agir sur sa moelle épinière. Les passes dont
nous venons de parler sont les seules à employer avec les taureaux qui donnent des coups
de cornes la tête haute et ne montrent pas le
cou.

Les passes de rideau et par en haut con-
viennent aux animaux ayant de la tendance à
porter la tête trop basse.

Les *diestros* du bon vieux temps faisaient
toujours suivre la passe naturelle d'une passe
de poitrine (*de pecho*), disant, fort justement
d'ailleurs, qu'il n'est pas beau de sortir de la
*suerte* pour aller tenter plus loin une seconde
passe régulière, et qu'il n'est guère brillant non
plus de prendre la *muleta* avec la main droite
pour répéter le mouvement quand on se trouve
sur le terrain de dehors. En dépit de ces rai-
sonnements, nos *espadas* actuels n'imitent pas
leurs devanciers ; ils n'exécutent la passe
de poitrine que dans le cas où elle leur paraît
opportune.

La passe *de pecho* est aussi brillante et pas
plus dangereuse qu'une autre, quoique certains
pensent le contraire parce que le *diestro* n'y
peut manier sa *muleta* avec aisance. Dans cette

*suerte*, le leurre et le corps de l'homme ne formant qu'un seul objet, le taureau, quelle que soit sa classe, portera forcément son attention sur le chiffon et le suivra bien au moment décisif. Voici comment on l'exécute :

Le taureau étant en *suerte*, *l'espada* tenant la *muleta* du côté du terrain de dedans, l'homme doit, pour éviter un *cambio*, présenter le flanc au terrain de dehors, en portant la main de la *muleta* du côté dudit terrain, de telle sorte que la *muleta* se trouve devant le corps et un peu détachée de lui, bien en face du taureau. Ainsi placé, les pieds toujours immobiles, le *diestro* excite l'animal et le laisse venir par son terrain. Le taureau arrivant à *jurisdiccion* l'attention bien fixée sur le leurre, l'homme exécute un *quiebro* en chargeant bien la *suerte*, de façon à ce que la bête passe suffisamment humiliée sur son terrain à lui; il fait quelques pas en arrière, aussitôt que le taureau baisse la tête pour frapper, et sort du centre. Il évite ainsi le coup de cornes, au moment d'enlever la *muleta*.

Il existe d'autres passes, récemment inventées, que beaucoup d'amateurs prennent pour des passes de poitrine, quoiqu'elles n'en soient que des parodies. Elles sont probablement d'un grand effet, puisque le public les applaudit vigoureusement; en tout cas elles n'ont pas le mérite des vraies passes de *pecho*, car elles s'exécutent hors de *cacho*, c'est-à-dire sans être vu du taureau. On les fait de la manière suivante :

Le *diestro* se place obliquement à la direction du taureau et lui indique la sortie par la droite avec la *muleta*, dont il tend l'étoffe le plus possible à l'aide de son épée. L'animal aperçoit un objet très apparent qui lui barre le chemin : il fond sur lui. Le *diestro* enlève le chiffon par-dessus les cornes; le taureau passe par dessous le leurre et le *matador* occupe vivement son terrain.

On appelle demi-passe toute passe naturelle, de main droite ou *cambiado*, dans laquelle le *diestro*, après s'être avancé pour tenter la *suerte*, sort par vitesse sans la consommer et fait ainsi preuve de maladresse ou de lâcheté.

*Passer* un taureau de *muleta* n'est pas aussi facile qu'on pourrait le croire; si le *diestro* ne se rend pas un compte exact de l'état physique et moral de la bête au moment de commencer le travail de *muleta*, la lutte sera très périlleuse pour lui.

Tout ce que nous avons dit dans le présent chapitre s'applique exclusivement aux taureaux francs ; dans le chapitre suivant nous expliquerons la façon de *trastear* les taureaux des autres catégories.

## CHAPITRE XVII

RÈGLES POUR PASSER DE MULETA LES DIVERSES
CLASSES DE TAUREAUX.

Toutes les passes que nous venons d'expliquer peuvent s'exécuter sans péril avec les
taureaux francs auxquels, pour rendre la *suerte*
plus brillante, on a soin de ne pas trop fatiguer
les jambes. Elles sont également praticables avec
les *revoltosos*, à condition de leur bien lever le
chiffon en terminant la *suerte*, de façon à ce
qu'ils s'arrêtent loin du centre et laissent ainsi
au *torero* le temps de se préparer à répéter la
manœuvre.

Les taureaux *que se ciñen* sont enclins, dans
les passes régulières, à serrer de trop près
le corps de l'homme; pour éviter ce danger le
*diestro* se conformera aux instructions que
nous avons données précédemment à cet
égard, en ayant soin de tenir la *muleta* dans
une direction oblique, de pencher un peu le
haut du corps en avant et de présenter le flanc

au terrain de dedans. Après avoir provoqué le taureau, le *matador* tend la *suerte* comme avec le manteau. Si malgré cela il remarque que l'animal empiète sur son terrain, il porte le leurre en avant ou exécute une retraite de corps, charge bien la *suerte*, et passe sur le terrain laissé libre par la bête. En opérant de la sorte, l'homme achève le mouvement sans péril ; il se déplace de deux ou trois pas et se tient prêt à faire une passe de *poitrine,* passe n'offrant aucun danger avec les taureaux de la classe dont nous parlons.

Avec les taureaux qui gagnent du terrain, l'*espada* doit attaquer de près ; il faut par conséquent qu'il fatigue le plus possible les jambes de son adversaire. Il tiendra, comme tout à l'heure, la *muleta* oblique, afin d'être à même d'améliorer son terrain (ce à quoi il parviendra facilement s'il a soin de s'avancer un peu pour recevoir le taureau à *jurisdiccion* et de lui bien montrer le leurre), puis il terminera de même que précédemment. Si le taureau a encore des jambes, le *diestro* prendra beaucoup de terrain et excitera de loin pour pouvoir améliorer sa position ; il agira rapidement et se portera en avant jusqu'à ce que l'animal suive bien l'*en-*

*gaño*, sans s'arrêter ni gagner de terrain. Il se tiendra sur ses gardes en achevant la passe, car les taureaux *que se ciñen* font demi-tour lestement ; aussi doit-on toujours avec eux se tenir prêt à exécuter une passe de poitrine, en ne s'écartant du centre que de la distance strictement nécessaire.

Après la passe naturelle de main gauche ou de main droite, *cambiado* ou *de pecho*, on opérera toujours de près, en excitant l'animal sans perdre de temps, car, ainsi que dans la passe précédente, le taureau qui arrive en gagnant du terrain et en foulant pour ainsi dire celui du *diestro* n'aura pas grand'peine à s'arrêter et se retournera facilement. Passant très près du *lidiador*, les taureaux *que se ciñen* « font pour lui » avec acharnement, sans chercher davantage à gagner du terrain. A partir de ce moment, ils se montrent aussi *sencillos* que les taureaux francs.

Pour *trastear* les taureaux *de sentido,* on doit tenir la *muleta* dirigée de dehors en dedans. Le leurre disposé de la sorte, le quadrupède ayant perdu ses jambes, le *diestro* l'excite les pieds immobiles jusqu'à ce qu'il arrive à *jurisdiccion* et mette la tête sous le chiffon. En ce moment, l'homme occupe le terrain voulu et présente au taureau la *muleta* bien de front, de façon à l'empêcher de voir de quel côté s'opère sa retraite. S'il a soin en outre d'enlever la *muleta* par en haut, la *suerte* s'achève sans mésaventures, et même d'une façon brillante.

Grâce aux précautions indiquées, on peut faire toutes les passes aux taureaux de *sentido*, excepté celle de poitrine, toujours dangereuse avec eux. Montès conseille de ne pas la tenter, bien qu'il affirme qu'en opérant prudemment et en appliquant les règles prescrites pour les taureaux qui gagnent du terrain on puisse quelquefois la réussir.

La lâcheté même des taureaux *avantos* oblige à les combattre avec circonspection. Avec ceux qui sont *bravucones*, le *torero* n'a pas à redouter de contre-temps imprévus, car ils ne peuvent le renverser au moment de la rencontre ou à la sortie, l'homme et la *muleta* ne se trouvant pas sur le même terrain. Mais en présence d'un *avanto* qui reste indécis devant le chiffon, il ne bougera pas de place avant que l'animal ne suive ou ne refuse le leurre, parce que le moindre mouvement l'effraierait : le taureau fuirait hors de *suerte* ou se mettrait sur le terrain du *diestro*. Si pareille chose se produit, l'*espada* changera vivement l'*engaño* de main ou exécutera une passe de poitrine, lancera l'animal dans la direction de la barrière et se portera rapidement vers le centre de l'arène, de crainte d'un retour offensif.

Pour le *trasteo* des *burriciegos*, on tiendra compte de ce que nous avons dit relativement aux passes de *capa*, en présentant la *muleta* de front ou de profil, suivant que les taureaux seront francs ou de *sentido*.

Les taureaux borgnes peuvent être passés de *muleta* face au terrain de dedans ou à celui de dehors. Dans le premier cas, il est difficile de bien terminer la *suerte*, car les taureaux en question partent souvent en gagnant du terrain; néanmoins, si le *diestro* se place en *rectitud*, ils chargeront en suivant leur terrain, et, pourvu que l'homme s'avance pour les recevoir et fasse le même *quiebro* qu'aux taureaux *que se ciñen*, la *suerte* s'achèvera heureusement. Dans le second cas, quelle que soit la classe des animaux, la *suerte* s'exécutera sans danger, car elle finira du côté voulu par le *torero* dont le terrain restera toujours libre.

On présentera la *muleta* à bras tendu, obli-

quement ou de profil, au taureau *aplomado*. Si
on ne lui montrait pas le leurre à courte distance, l'animal n'attaquerait pas, et si on le lui
offrait complètement de face, il se jetterait
furieusement dessus et l'atteindrait probablement. On ne pourra le *trastear* comme un
taureau franc ; avant tout on devra, à l'aide du
manteau, lui faire quitter sa *querencia* et lui
fatiguer les jambes.

Quand le *matador* aura observé, pendant les
phases précédentes du combat, qu'un taureau
refuse de découvrir son cou et donne des coups
de cornes en l'air pour désarmer l'adversaire,
il lui fera plusieurs passes et le laissera bien
venir sur l'étoffe, en la lui baissant le plus possible au moment de charger la *suerte*, afin qu'il
humilie ; si la bête arrive au moment final de
la lutte sans avoir perdu sa façon défectueuse
de porter la tête, elle désarmera l'homme et
restera au centre. En ce cas, la prise du *torero*
est certaine.

Finalement, si *l'espada* se trouvant en présence d'un taureau redoutable craint que l'animal ne le serre de trop près ou ne se retourne
avec trop d'agilité, pour éviter toute mésaven-
ture il enverra un *diestro* sur le terrain de

dehors ; ce *diestro* se tiendra prêt à lancer un coup de manteau au moment où le taureau arrivera à *juridiccion* et se disposera à suivre la *muleta*, afin que l'animal, distrait par la vue d'un autre leurre, passe suffisamment loin du corps du *matador* et ne revienne pas sur lui. Le *chulo* ne donnera pas le coup de manteau avant le moment opportun.

L'usage de se faire aider est devenu si général aujourd'hui que nos *diestros*, même en présence des taureaux les plus naïfs, croient devoir s'adjoindre un auxiliaire. Ils ont doublement tort : primo parce qu'il est bien plus gracieux de voir *l'espada* faire volter et mettre au point lui-même son taureau ; secundo parce que le *peon* se trouvant placé sur le terrain de la bête, celle-ci quitte la *suerte* et abandonne le *matador* pour se lancer à la poursuite du manteau.

# CHAPITRE XVIII

## ESTOCADE DE MORT.

L'épée des *matadores* est à lame tranchante, en acier forgé, non trempé ; elle a une longueur totale de 81 à 86 centimètres (dont six du pommeau à la garde). La poignée est entourée de ruban de laine et le pommeau recouvert de cuir, pour empêcher l'arme de glisser dans la main et assurer par là même la direction de l'*estocade*.

Les *espadas* ont l'habitude, avant de se servir pour la première fois d'une *estoque*, de la tremper dans le sang d'un taureau récemment tué. Nous ignorons l'avantage qu'ils peuvent en retirer : peut-être, en agissant ainsi, pensent-ils rendre l'acier moins cassant ?

Nous avons jusqu'ici considéré l'*estocade* de mort comme formant la seconde partie de la *suerte* finale : elle constitue, en réalité, l'élément essentiel de ladite *suerte*, dont les passes ne sont que la préparation nécessaire sinon indispensable. D'autre part, dans la plupart des circonstances, l'acte de tuer le taureau est une véritable passe de poitrine ; en effet, si l'expérience démontre qu'on peut tuer sans l'aide du leurre, il est également démontré que la chose est possible seulement avec les taureaux *sencillos.*

Une *estocade* portée suivant les règles assure l'heureuse issue de la *suerte,* mais n'entraîne pas fatalement la mort immédiate du taureau. On voit fréquemment, dans les estocades par en haut, la pointe de l'épée se trouver arrêtée par la réunion des os des épaules et de la colonne vertébrale à l'endroit appelé *rubios ;* souvent l'arme saute hors de la blessure, quoique le coup ait été dirigé d'une façon irréprochable par le *matador.* Aussi ne doit-on pas juger le mérite d'une *suerte* d'après le nombre des estocades, car tuer un taureau du premier coup est plutôt une affaire de chance qu'une preuve d'adresse.

L'estocade est dite :

Profonde, si l'épée s'enfonce jusqu'à la garde ;

Courte ou demie, suivant que la lame pénètre du tiers ou de la moitié de sa longueur ;

En avant ou en arrière, suivant que la pointe est entrée en avant ou en arrière des *rubios ;*

Contraire, quand le coup est porté du côté gauche de l'animal ;

Basse si l'animal est touché à plus de quatre centimètres de la colonne vertébrale ;

Allée (*ida*) si le tranchant de l'épée menace la partie appelée fer à cheval ;

Couchée, si l'arme pénètre presque horizontalement dans les chairs ;

Tombée, si l'épée, sans que l'estocade soit basse, pend d'un côté de l'encolure, entraînée par le poids de la poignée.

Une estocade bien portée produit la mort immédiate dans quatre cas : quand elle coupe la colonne vertébrale ; quand elle atteint le *fer à cheval* ; quand le taureau est *pasado de parado* ; quand le taureau est *descordado*.

L'estocade citée la première produit le plus d'effet, car le taureau meurt comme foudroyé, et c'est toujours un émouvant spectacle de voir le monstre, tout à l'heure si puissant et si redoutable, s'agenouiller expirant aux pieds du *matador*.

L'estocade qui atteint la partie du corps du taureau appelée fer à cheval par les *toreros* provoque aussi la mort instantanée de la bête, même si l'arme pénètre dans la blessure seulement de la moitié de la longueur. Ce coup, moins brillant que le précédent, se voit plus fréquemment dans l'arène ; l'épée entre obliquement dans la poitrine, un peu bas. Le taureau dont le fer à cheval est coupé s'arrête immobile, comme paralysé, sans rendre de sang par la bouche ou les naseaux; il ne tarde pas à tomber, et meurt la plupart du temps sans qu'il soit nécessaire d'employer la *puntilla.*

L'estocade haute, portée presque verticalement et entrant jusqu'à la garde dans le corps du taureau, traverse les poumons ; elle amène, comme les précédentes, la mort presque instantanée de l'animal qui, cette fois, perd du sang par la bouche. Cette estocade appelée *pasada por pararse*[1], et que beaucoup d'ignorants confondent avec le *gollete,* est loin d'être sans mérite, car pour l'exécuter, le *diestro* est obligé d'attendre le taureau de pied ferme, jusqu'à ce que celui-ci ait bien humilié au centre, et d'élever très haut les bras pour tenir l'épée verticale, chose très difficile.

Un taureau est *descordado* quand une estocade haute lui a coupé les nerfs ou tendons par

---

[1] Mot à mot : passée pour s'arrêter (N. du T.)

lesquels le mouvement se communique aux membres. En pareil cas, les animaux tombent lourdement à terre, comme frappés d'un coup de foudre ; mais ils resteraient longtemps vivants si on ne les achevait avec la *puntilla*.

Les estocades basses portent le nom générique de *golletes* ; entrant dans la poitrine et traversant les poumons, elles font promptement mourir le taureau. Elles n'ont jamais le mérite des estocades hautes ; pourtant dans certains cas dont nous parlerons plus loin, elles leur sont préférables.'

Souvent la lance s'enfonce obliquement dans le corps de la bête et sort du côté opposé à celui par où elle est entrée, ou bien manifeste sa présence sous les chairs, dudit côté, en produisant une boursouflure de sang visible extérieurement. L'estocade oblique est très disgracieuse, et peu glorieuse pour le *matador*.

Quand le taureau hésite devant le leurre ou ne le suit pas bien, l'estocade entre parfois du côté gauche de l'animal. Si l'arme ne s'enfonce pas dans la blessure, les *diestros* disent que l'épée est *partie le long des chairs ;* elle est *engaînée,* si la lame pénètre sous la peau et suit entre cuir et chair.

Même lorsque l'estocade est mortelle, il s'écoule souvent un temps assez long avant que le taureau ne tombe ; on est alors obligé d'employer divers moyens pour atteindre ce résultat. Si l'arme est restée dans la blessure, l'*espada* jugera s'il doit l'y laisser ou l'en retirer. L'épée étant entrée dans un endroit favorable, mais ayant pénétré à une faible profondeur, on fera des passes de manteau de façon à ce que l'animal tourne la tête pour frapper du côté vers lequel est tournée la pointe. Si l'on veut enlever l'épée, on opérera du côté de la poignée qu'on tâchera d'accrocher avec la *capa*. L'épée enlevée ou non, si la blessure saigne à gros bouillons, on lancera des coups de manteau tour à tour à droite et à gauche, ou bien l'on fera exécuter au taureau plusieurs voltes successives de façon à ce qu'il perde plus de sang et tombe pris de faiblesse et de vertige.

Le taureau restant en *querencia* près de la barrière et ne s'abattant pas, quoique mortellement blessé et sur le point d'expirer, on devra le laisser tranquille pendant quelques minutes et attendre qu'il tombe ; mais s'il demeure trop longtemps debout, on l'excitera par tous les moyens possibles afin de voir s'il est encore

sensible aux provocations. Dans le cas contraire, le *diestro* le piquera au mufle pour l'o-
bliger à baisser la tête , puis il exécutera le
*descabello,* opération qui consiste à introduire
la pointe de l'épée derrière les cornes, entre la
première et la seconde vertèbre, de façon à
couper la colonne vertébrale (cette blessure
amène toujours la mort instantanée de l'animal). Pendant la *suerte*, deux *lidiadores* se tiendront prêts à enlever le taureau, au cas où le
*diestro* manquerait son coup.

Le taureau abattu devant le *matador*, s'il n'a
pas perdu toutes ses forces, se méfie du *cachetero*; devinant l'approche de ce dernier il se
relève, ou du moins tente de le faire. En pareil
cas, le *matador* doit *atronar* l'animal, opération
qui ne diffère du *descabello* qu'en ce que le taureau est couché au lieu d'être debout. Les précautions à prendre sont les mêmes dans les
deux cas.

# CHAPITRE XIX

## MANIÈRE DE TUER EN RECEVANT — A LA RENCONTRE — AGUANTANDO.

La *suerte de recibir*, nous l'avons dit précédemment, fut inventée en 1726 par Francisco Romero ; c'est la première qui ait été employée pour tuer les taureaux à l'aide de l'épée et de la *muleta.*

Voici comment elle se pratique avec les *boyantes* :

Le taureau ayant les pieds de devant sur la même ligne et le corps tourné dans la direction voulue, l'*espada* se place devant lui, vis-à-vis le bout de la corne droite, le bras droit du côté de dehors ; il vise avec l'épée le point où il doit frapper, le bras demi-tendu, la main haute ; il tient la *muleta* comme dans la passe de poitrine, les plis de l'extrémité inférieure de l'étoffe rassemblés dans la main gauche, afin de ne pas risquer de s'y prendre les pieds et en même temps d'attirer l'effort du taureau sur la partie la plus éloignée du corps qui reste flottante. Ainsi établi, il provoque la bête qui le regarde la tête haute, pour l'amener sur son terrain. Aussitôt qu'elle arrive à *jurisdiccion*, il exécute le *quiebro de muleta* dans la direction du *terrain du taureau.* Se trouvant ainsi dégagé de l'*embroque*, il porte son estocade à l'instant où l'animal humilie, sans avancer la *suerte* ni bouger de place.

Si on avance la *suerte* ou si on ne conserve pas les pieds immobiles, l'estocade ne peut-être appelée *recibiendo.* Ces deux règles sont d'ailleurs impossibles à observer lorsque la pointe de l'épée rencontre un os, car l'homme ne saurait résister au choc sans chanceler ; de plus, il n'est pas rare de voir la bête faire demi-tour et revenir sur l'adversaire.

Toutes les explications ci-dessus sont une condensation de la théorie de Manuel Dominguez et de celles d'autres *diestros* qui, comme Montes et le Chiclanero, sont parfaitement d'accord avec lui au sujet de la *suerte de recibir*, du moins quant aux points essentiels.

Les taureaux *boyantes*, *revoltosos* et *que se ciñen* sont excellents pour recevoir. On doit leur laisser toutes leurs jambes.

Les taureaux qui gagnent du terrain sont difficiles à tuer en recevant, surtout s'ils ont encore des jambes. On y parvient néanmoins quand on se conforme aux règles suivantes : ·

Lorsqu'on se trouvera en présence d'un taureau fatigué, on fera un grand mouvement de *muleta* et l'on sortira prestement du centre ; la *suerte* sera un peu écourtée, mais elle aura pour elle l'avantage d'être sans danger. Avec un taureau ayant conservé ses jambes, on provoquera de loin (sans toutefois exagérer les distances). Si en chargeant l'animal gagne du terrain, le *diestro* améliorera sa position de façon à ce que la rencontre se produise au point voulu. Si le taureau empiète trop sur le terrain du *matador* et vient obliquement sur lui, ce dernier abandonnera son premier dessein et fera la *suerte « al encuentro »* (à la rencontre).Nous avons vu parfois des *diestros*, usant de certains artifices, recevoir des taureaux dans les conditions ci-dessus, mais la chose est dangereuse et nous persistons à dire qu'on ne doit pas tenter l'aventure.

Les plus mauvais taureaux pour la *suerte de recibir* sont les *de sentido*. Il ne faut pas la risquer avec ceux qui n'ont pas perdu leurs jambes ;

ce serait imprudent d'abord, et disgracieux
en outre, car l'homme ne pouvant, en face de
pareils animaux, conserver les pieds immobiles, la *suerte* se transformerait en une sorte
de pot-pourri bizarre, où prédomineraient les
caractères de la *suerte* au demi-tour. Quand le
*diestro* aura observé qu'un taureau manque de
vitesse, il pourra tenter de le recevoir : il attendra de pied ferme que la bête ait humilié; à cet
instant, exécutant un *quiebro de muleta* suffisant, il fera une flexion de corps pour éviter le
coup de tête, portera à fond son estocade en
pesant dur sur le fer, et sortira vivement *de
suerte.*

Les taureaux *avantos* peuvent aisément être
tués *recibiendo*. On a soin de ne pas donner
prématurément le coup de pointe.

On provoque les *burriciegos* de près ou de
loin, suivant la classe à laquelle ils appartiennent ; on tient compte pour le reste du caractère particulier de chaque animal.

Quand les taureaux borgnes de l'œil gauche
sont *boyantes* et ont des jambes, la *suerte*
s'exécute facilement. Le *diestro* provoque son
adversaire à distance convenable; il laisse
venir le taureau jusqu'à *jurisdiccion*, tend la

*muleta* du côté de l'œil sain de l'animal, exécute le *quiebro* nécessaire, porte son estocade et termine la *suerte*. En ce qui concerne les taureaux borgnes de l'œil droit, il faut les attendre bien immobile, les faire humilier à fond, exécuter une bonne retraite de corps au moment où l'on baisse la *muleta*, et porter l'estocade.

On ne doit pas chercher plus de deux fois de suite à recevoir un même taureau. Si à la première tentative la bête refuse d'attaquer, soit parce qu'elle manque de jambes, soit par méfiance de l'homme, on tentera une autre sorte de *suerte*.

La *suerte al encuentro* (à la rencontre), dont nous avons fait mention quand nous avons parlé des taureaux qui gagnent du terrain, est une sorte de moyen terme entre la *suerte* en recevant et la *suerte* à *volapié*[1].

Elle est d'un inappréciable secours pour tuer les taureaux qui, provoqués en vue de la *suerte de recibir*, arrivent sur le *diestro* de façon à rendre impossible ladite *suerte*. Dès qu'il voit son adversaire commencer à gagner du terrain, l'homme *améliore* de façon à ce que la ren-

---

[1] En s'élançant, au pied levé. (N. du T.)

contre ait lieu au point favorable, met l'épée
en arrêt, ouvre la sortie à la bête avec le leurre,
fait une flexion de hanches en enfonçant le
plus possible l'arme dans la blessure, et sort
lestement par la droite du taureau. Cette *suerte*
est difficile, car le *torero* doit se mettre dans
l'*embroque* pour pouvoir bien diriger son estocade en dedans ; aussi les *lidiadores* très agiles
et très vigoureux sont-ils seuls capables de la
mener à bonne fin. Quelques personnes la confondent avec la *suerte* en recevant : elle diffère
de celle-ci en ce que le *matador* se met en mouvement quand le taureau attaque, au lieu de
l'attendre de pied ferme.

On fait souvent aussi confusion entre la
*suerte de recibi*" et la *suerte de aguantar* admise depuis peu par la tauromachie ; ces deux
*suertes* présentent pourtant de sérieuses diffé-
rences, comme on le verra ci-dessous.

On dit que le *diestro* tue *aguantando*, lorsque,
s'étant placé dans la *rectitud* du taureau et lui
ayant fait des passes, il est chargé à l'improviste
par l'animal au moment où il enroule l'étoffe
de la *muleta* autour du bâton : l'homme attend
son adversaire, l'écarte avec la *muleta* en opérant en même temps une flexion de hanches,

et donne le coup d'épée une fois hors de l'*embroque.*

Il ne faut pas confondre cette *suerte* avec la *suerte* en recevant. Voici les particularités qui les distinguent :

Pour recevoir, l'homme provoque le taureau avec le leurre et reste ensuite strictement à la même place ; *aguantando,* le taureau accourt sans provocation sur l'homme qui se dérobe après avoir frappé.

# CHAPITRE XX

## ESTOCADES A VOLAPIÉ ET A UN TEMPS.

Le célèbre *lidiador* Sévillan Joaquin Rodri-guez (*Costillares*), homme aussi adroit dans la pratique que versé dans la science théorique de son métier, enrichit l'art d'une nouvelle et brillante *suerte*. De tous les moyens de tuer usités à son époque, aucun ne lui paraissait approprié aux taureaux lâches ou trop *parados* ; il trouvait honteux, d'autre part, d'en être réduit à employer les chiens ou la demi-lune pour se débarrasser d'un taureau : il inventa le *volapié*. Pratiquée avec succès par le maître, cette *suerte* fut vite adoptée par tous les autres *diestros*.

Le *volapié* a été spécialement imaginé en vue des animaux qui refusent d'attaquer, mais on peut le faire indistinctement à tous les taureaux; il faut toutefois avoir soin de s'assurer qu'ils sont *aplomados* et qu'ils ont les pieds de devant sur la même ligne, et de bien surveiller la direction de leurs regards.

Si un taureau n'est pas *aplomado,* la *suerte* est impraticable, car toutes les règles du *volapié* reposent sur l'immobilité de l'animal. Si le taureau n'a pas les pieds de devant sur la même ligne, il se trouve dans une position qui lui permet de s'élancer trop facilement sur l'homme. Le *diestro* observe les yeux de son adversaire, car suivant les circonstances, il devra marcher au taureau au moment où celui-ci le regardera, ou bien profiter d'un instant où son attention sera fixée ailleurs.

La *suerte* à *volapié* est d'une exécution fort simple : le *matador* se place en face et à courte distance du taureau ; dès qu'il voit que ce dernier tient la tête dans la position normale, il marche lestement à lui, lui lance au nez les plis de la *muleta* pour le faire humilier et découvrir le garrot, porte son estocade et file rapidement hors du centre, du côté de la queue de l'animal.

Le taureau étant arrêté face à la barrière, on ne tentera pas le *volapié* à moins d'être certain que la bête n'a plus de jambes et d'avoir un *chulo* posté près de l'enceinte. En pareille circonstance, le *diestro* arrivera bien droit sur le

taureau, donnera le coup de pointe et gagnera
au pied, car il se trouverait pris entre les *tablas*
et l'animal si celui-ci faisait demi-tour et ne se
laissait pas distraire par le *chulo*. Si le taureau
n'a pas perdu ses forces, le *diestro* le redressera
de façon à ce qu'il présente la tête au centre de
l'arène; il exécutera ensuite une passe régulière
et fera le *volapié* parallèlement à la barrière.
L'animal, voyant l'homme sur le point de lui
échapper, s'arrêtera à sa *querencia*, sans faire
pour le corps.

Parfois, quoique rarement, le taureau demeure *aplomado* au milieu de l'arène : on doit
en conclure que l'animal a déjà été couru. Dans
ces conditions, la lutte devient dangereuse, car
la bête, rendue rusée par l'expérience, ne s'est
pas épuisée à charger les *toreros* et conserve
la plénitude de ses moyens physiques. Le *diestro* ne tentera pas le *volapié* avant d'avoir
essayé, par tous les moyens possibles, de décider le taureau à le charger. En désespoir
de cause, il s'adjoindra un aide qui distraira
l'attention de la bête. Le *matador* en profitera
pour exécuter la *suerte*; le *torero* auxiliaire lancera les plis du manteau au nez du taureau afin
que celui-ci ne poursuive pas l'*espada* qui s'esquivera le plus vite possible.

Le *volapié* est plus sûr et plus brillant que la *suerte* en recevant, avec les taureaux *de sentido*, à condition qu'on les fatigue convenablement et que l'on se porte au devant d'eux, en suivant les règles prescrites précédemment. Souvent les *de sentido* ont l'astuce de ne pas humilier, chose fort dangereuse pour l'homme. Le seul parti à prendre, en pareil cas, est de leur laisser tomber les plis de la *muleta* devant le mufle et de porter l'estocade au moment où ils baissent la tête : si on laisse échapper l'instant opportun, il est possible qu'à la seconde tentative ils refusent de se remettre en *suerte* ou qu'ils gardent les cornes hautes.

Quand le taureau fond à l'improviste sur l'*espada*, au moment où celui-ci se lance à *volapié*, le *diestro* reçoit la bête sur son épée et file du côté de 'a croupe. Cette estocade est appelée par nos modernes *aficionados* estocade *à un temps*.

L'estocade à un temps ne doit pas se confondre avec l'estocade à la rencontre, quoique beaucoup de gens ne s'en fassent pas faute : la première s'exécute imposée par les circonstances, la seconde est toujours prévue et préparée.

# CHAPITRE XXI

## ESTOCADES DE RECOURS.

Sous cette dénomination les taurophiles comprennent les estocades dites *à la course*, au *demi-tour* et *au pas de banderillas*, estocades qui permettent de tuer, sans s'exposer, les taureaux jugés dangereux comme étant de *sentido*, refusant de charger l'homme ou bien gardant toujours les cornes hautes. Le *torero* peut les employer, avec les animaux dont nous parlons, sans que sa réputation en souffre ; néanmoins elles ne sont jamais brillantes.

L'estocade à la course s'exécute indifféremment sur un animal *levantado*, ou lancé à la poursuite d'un manteau. Dans l'un et. l'autre cas, le *diestro* se porte à la rencontre du taureau et le pique d'après les règles ordinaires. La difficulté de ce coup consiste dans le peu de temps que l'on a pour viser avec l'épée.

L'estocade au demi-tour se pratique en commençant la *suerte* comme dans la passe de

*anderillas* du même nom. Nous n'en parlerons
pas afin d'éviter les répétitions.

Pour donner l'estocade au pas de *banderillas*,
le *torero* prendra le champ qui lui paraîtra
approprié à l'état actuel du taureau ; il veillera à ce que personne ne s'approche de la
bête, de crainte qu'elle ne change de position.
Il enroulera la *muleta* autour du bâton et
visera avec l'épée, comme *recibiendo*. Marchant
ensuite vers le taureau, comme au *cuarteo*,
il portera le coup de pointe juste au moment
où l'animal humiliera au centre, en faisant en
même temps le *quiebro de muleta*, puis, hors
de l'*embroque*, il pèsera de tout son poids sur
le fer pour l'enfoncer jusqu'à la garde.

Le mérite des estocades de recours consiste
à dépêcher la bête le plus rapidement possible ;
on devra donc envoyer le coup d'épée à fond,
et au bon endroit.

# CHAPITRE XXII

MANIÈRE DE DONNER LE COUP DE GRACE ET DE COUPER LE JARRET AUX TAUREAUX. — COMMENT ON LES ACHÈVE A L'AIDE DES CHIENS.

L'opération consistant à achever les animaux tombés mortellement blessés avec le *cachete* est d'une utilité manifeste ; elle épargne aux spectateurs le fastidieux spectacle de l'agonie des taureaux qui, pour la plupart, seraient longs à mourir d'une seule estocade.

Le poignard spécial appelé *cachete* ou *puntilla* se compose d'une tige d'acier cylindrique, terminée par une sorte de lancette et emmanchée dans une poignée de bois.

Le taureau une fois à terre, le *matador* reste en face de lui et lui tient la *muleta* sous les yeux pour fixer son attention sur elle. Le *cachetero* arrive sans bruit derrière l'animal et le frappe de son poignard, en arrière du chignon, de façon à trancher la colonne vertébrale à sa naissance. Le taureau meurt comme foudroyé.

Si, par suite de circonstances anormales provenant du mauvais état de la bête ou de la maladresse de l'*espada*, on ne peut se débarrasser d'un taureau par les moyens réguliers, il est d'usage, dans certaines *plazas*, de lui trancher les jarrets avec la demi-lune.

La demi-lune est une arme formée d'un tiers de cercle en acier, coupant au bord concave, emmanché sur un bois de *garrocha* ; on s'en sert pour trancher les tendons des jarrets du taureau. Celui-ci abattu, on peut l'achever sans danger.

Dans quelques localités, on lance, contre les taureaux qui n'attaquent pas les *picadores* ou ne suivent pas les *engaños*, des molosses dressés *ad hoc*. Cette suerte s'exécute de la façon suivante :

Ayant acquis la certitude que le taureau est couard, les *toreros* évacuent l'arène et on lâche sur lui dix ou douze chiens formant deux bandes distinctes ; on remplace au fur et à mesure ceux qui sont mis hors de combat. Personne ne doit s'approcher du taureau jusqu'à ce que les chiens aient réussi à l'arrêter en le saisissant par différentes parties du corps ; le *puntillero* peut alors remplir son office.

L'usage des chiens, comme celui de la demi-lune, a disparu de l'immense majorité de nos *plazas* et semble appelé à tomber complètement en désuétude ; pourtant si le premier mérite l'ostracisme, comme offrant aux spectateurs un spectacle trop répugnant, nous ne nous expliquons pas la défaveur du second, puisque le taureau, d'après le principe tauromachique, ne devrait pas sortir vivant de l'arène et que, d'autre part, le combat des chiens et du monstre est loin d'être sans intérêt.

Quand on ne veut employer aucun des deux procédés ci-dessus, on fait chasser le taureau du *redondel* par des *cabestros* gardés à cet effet dans le *corral*, depuis le moment de *l'encierro*.

# LIVRE QUATRIÈME

---

## ATTRIBUTIONS ET DEVOIRS DES AUTORITÉS COM-PÉTENTES AUX COURSES DE TAUREAUX

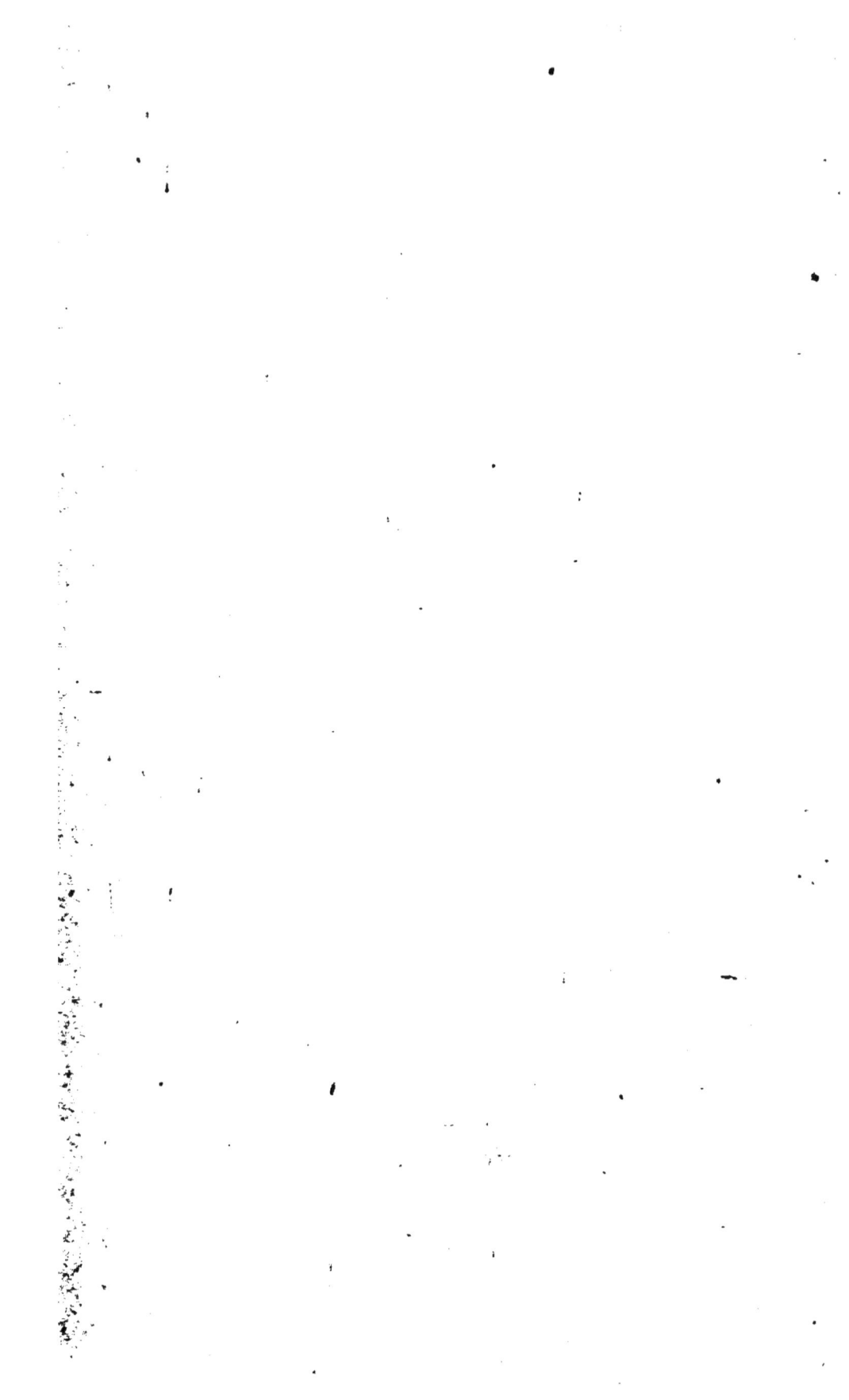

# CHAPITRE I

## DEVOIRS DE L'AUTORITÉ AVANT LA COURSE.

Le programme de la course ne sera pas affiché avant d'avoir été soumis au gouverneur de la province, ou au chef de la localité où se donne le spectacle, s'il n'a pas lieu dans une capitale. La *corrida* ne pourra s'effectuer si cette formalité n'a pas été remplie. L'autorité veillera à ce que l'entreprise ne promette rien au public qu'elle ne soit en état de lui offrir.

L'affiche une fois posée, l'impresario ne devra pas retarder le spectacle ni modifier en aucune façon le programme sans la permission de l'autorité. Si la demande de délai est motivée par le mauvais état de l'arène, on s'en rapportera, pour prendre une décision, à l'opinion des chefs des *cuadrillas*.

Deux jours avant la course, une commission composée de deux fonctionnaires de la municipalité et de deux vétérinaires visitera le bétail ; elle refusera les taureaux qui ne lui sembleraient pas bons pour le combat. L'impresario remplacera les animaux éliminés, en ayant soin d'avoir toujours un taureau de réserve en plus de ceux choisis, en prévision du cas où l'un d'entre eux se trouverait hors de service, par suite d'un accident ou de toute autre cause.

Ladite commission adressera au président de la course un rapport signé de tous ses membres, où sera porté ce qui suit : nombre des taureaux, *ganaderias* d'où ils proviennent, ordre dans lequel ils seront lâchés du *toril*, particularités observées.

Les défectuosités rédhibitoires, pour les taureaux destinés aux courses de premier ordre, sont : la perte d'un œil, la mauvaise disposition des cornes, et en général tous les vices de conformation rendant les animaux moins aptes au combat.

La veille de la représentation, les commissaires examineront les montures des *picadores* ; ils marqueront d'un signe spécial les chevaux acceptés par eux : ces derniers devront être au nombre d'au moins quarante pour les courses de six taureaux, et de cinquante pour les courses de huit. L'adjudicataire fournissant les chevaux sera passible d'une amende de cinquante pesetas pour chaque cheval trouvé dans les écuries, après l'ouverture de la *lidia*, dépourvu de l'estampille municipale. Il sera tenu de fournir immédiatement, à ses frais et à n'importe quel prix, des montures convenables aux *picadores*, au cas où tous les chevaux des écuries seraient mis hors de combat.

La veille de la course également, l'impresario présentera à la commission cinquante paires de *banderillas* ordinaires à pointe de harpon, vingt paires de *banderillas* à feu pourvues d'une pointe doublement barbelée, deux demi-lunes et vingt *garrochas*, ces dernières à fer pointu et coupant, mais non évidé, ne dépassant pas les dimensions suivantes : onze lignes du premier novembre au trente juin, douze lignes pendant le reste de l'année.

Les différents accessoires du combat, après avoir été inspectés, seront enfermés dans un local de la *plaza* dont la clef sera remise à l'autorité; ils seront de nouveau contrôlés au moment où on les en sortira, particulièrement les *garrochas* dont on mesurera encore une fois la pointe.

Si durant la représentation le nombre des accessoires devenait insuffisant, l'entreprise devrait à l'instant même s'en procurer de nouveaux, conformes au modèle requis, sous peine d'une amende de cinq à cinquante pesetas.

L'entrepreneur est tenu de plus d'avoir en cas de besoin une meute de douze molosses au minimum ; s'il manque de chiens à l'heure de la course, il sera obligé d'en acheter à ses frais, ou aux frais de l'adjudicataire chargé de cette fourniture.

L'*encierro* des taureaux se fera de nuit, à l'heure indiquée par l'autorité, mais toujours entre minuit et cinq heures du matin ; les animaux seront conduits à la *plaza* en suivant l'itinéraire prescrit ; l'impresario veillera à ce que toutes les mesures de sûreté soient prises. Dans la plupart des places, le public peut assister à l'arrivée des taureaux aux *toriles*. La chose est formellement défendue à Séville. L'*encierro* terminé, deux bouviers restent seuls auprès du bétail pour veiller à ce qu'il se repose en toute tranquillité en attendant la course du lendemain.

En aucun cas il ne pourra être vendu un nombre de billets supérieur à celui des places contenues dans le cirque.

L'entrepreneur devra, avant de les livrer au

public, y faire apposer le timbre de la municipalité. Tout billet non revêtu dudit timbre sera considéré comme sans valeur. Chaque billet non estampillé saisi vaudra cinquante pesetas d'amende, soit au porteur, soit à l'impresario, suivant que la fraude paraîtra imputable à l'un ou à l'autre.

Le trafic des billets est interdit ; tout vendeur non autorisé se verra confisquer le stock qu'il détient.

Dans toute place de taureaux, une pièce convenablement disposée servira d'infirmerie. Elle sera pourvue d'une pharmacie complète et de deux couchettes. Son personnel se composera d'un médecin, d'un aide et d'un pharmacien[1].

Lorsqu'un *lidiador* sera blessé, le médecin lui donnera immédiatement les premiers soins ; il fera passer un billet au président et un autre à l'entrepreneur, pour leur rendre un compte exact de la nature et de la gravité des blessures, et leur fera savoir si le *lidiador* est capable ou non de continuer son service.

---

[1] L'auteur ne nous parle pas du prêtre délégué par la paroisse voisine. Le *torero* voit la mort de trop près pour être irréligieux ; il meurt en brave et en bon chrétien (Note du traducteur).

Seront également portés à l'infirmerie les spectateurs ou employés ayant besoin de secours médicaux.

Les portes de la *plaza* s'ouvriront deux heures avant le commencement et se fermeront deux heures après la fin des courses, afin que l'entrée et la sortie du public s'effectuent à loisir et sans encombrement. L'entrée aux *tendidos* de soleil ou d'ombre' s'effectuera par différentes portes correspondant aux diverses séries de numéros. Les spectateurs gagneront leur place par les couloirs et passages d'*entre-barrera*, sans jamais traverser l'arène, excepté dans les rares localités où la chose est permise.

Auront seuls droit à l'entrée gratuite la Présidence et les agents de l'autorité chargés d'assurer le service d'ordre.

---

' Les *tendidos* sont les places les plus rapprochées de l'arène après celles de *barrera*; les places orientées au nord sont naturellement plus recherchées que les autres où le spectateur est à demi rôti, mais qui se paient moitié moins cher. Les places partent de l'arène dans l'ordre suivant *barrera, contra'barrera, tendido, tabloncillo* ; au-dessus *grada cubierta* et *palcos* (loges).

# CHAPITRE II

### Devoirs de l'autorité pendant le combat.

La présidence des *corridas* de taureaux revient de droit au gouverneur civil de la province, ou à toute autre personne déléguée par lui. Elle appartient à l'alcalde ou à son représentant dans les petites localités.

Le président arrivera au cirque avec l'exactitude ponctuelle qui est la politesse des grands ; après avoir occupé sa loge, il enverra aux *cuadrillas* l'ordre d'exécuter le *paseo*. Il aura soin de ne pas commander qu'on lâche le premier taureau avant de s'être assuré qu'aucun individu étranger au métier n'est resté dans l'arène, que les portes du *redondel* sont fermées et que les *picadores* sont régulièrement placés[1].

---

[1] Nous avons pu malheureusement constater personnellement que la Présidence n'est pas toujours très pénétrée de ses devoirs : dans une course de *novillos* à laquelle nous assistions, l'impéritie de l'autorité, la lâcheté de la police qui avait laissé envahir par la canaille les *burladeros* où se réfugiaient les lidiadores causa la mort du torero Francisco Gonzalez (Perita). Deux autres hommes furent blessés le même jour, dont l'un très grièvement (Note du traducteur).

Le combat commencé, il aura bien présents à l'esprit les droits et devoirs des *diestros*. Il veillera à ce que chacun fasse son devoir, et, dans le cas contraire, il infligera au délinquant une punition disciplinaire proportionnée à la faute.

Il fera passer d'un exercice à un autre en agitant un mouchoir, blanc pour les *suertes* ordinaires, et rouge pour les *suertes* extraordinaires.

Sous aucun prétexte l'autorité n'attendra pour donner le signal des *banderillas* que le taureau soit passé à l'état d'*aplomado*.

L'animal qui n'aura pas subi régulièrement trois piqûres de *vara*, qui refusera d'attaquer les *picadores*, ou bien qui ne suivra pas le manteau, sera retiré au *corral* ou livré aux chiens, suivant l'usage en vigueur dans la *plaza*.

A la troisième sonnerie de mort, si le *matador* n'a pas réussi à tuer, on l'expulsera immédiatement de l'arène. Le taureau sera abattu avec la demi-lune par le *cachetero*, ou ramené au *corral* par les bœufs.

Pendant les courses, il y aura toujours six chevaux sellés dans les écuries, et un *picador* à cheval à la porte de l'arène pour remplacer immédiatement celui de ses collègues qui se trouverait démonté.

L'impresario ne sera pas forcé de livrer plus de taureaux qu'il n'a été convenu, quand bien même parmi eux quelques uns seraient mauvais, ou incapables de fournir la course pour une raison ou pour une autre. Exiger le contraire serait un abus flagrant.

Une fois la représentation commencée, si par suite d'une cause étrangère à la volonté de l'entrepreneur elle doit être interrompue, le prix des places ne sera pas remboursé au public qui ne pourra réclamer aucune indemnité.

L'enlèvement des taureaux et des chevaux morts devra s'opérer le plus rapidement possible ; à cet effet on emploiera deux attelages de quatre mules.

Aussitôt qu'un cavalier jugeant son cheval hors d'usage l'aura abandonné, le garçon de service donnera le coup de grâce à l'animal afin d'épargner au public des scènes trop répugnantes.

Il est formellement interdit de jeter dans l'arène aucun objet pouvant blesser les *diestros* ; nul ne pourra y descendre avant la mort du dernier taureau.

# LIVRE CINQUIÈME

---

SUERTES TAUROMACHIQUES EXTRAOR-
DINAIRES OU PRATIQUÉES SEULEMENT
EN TERRAIN OUVERT.

# CHAPITRE I

## Suertes de lance et de rejon.

Le jeu de lance est le plus ancien des exercices de la *plaza* ; les chevaliers maures, qui passent pour les initiateurs de la tauromachie, l'exécutaient aux X\* et XI\* siècles. Disparu depuis longtemps de nos arènes, il n'existe plus chez nous aujourd'hui qu'à l'état de souvenir ; néanmoins nous en dirons un mot, pour payer un tribut d'honneur à la *suerte* fondamentale des combats de taureaux.

Gonzalo Argote de Molina donne une belle description de la *suerte de alancear,* dans son *libro de Monteria,* imprimé à Séville en 1582 et dédié au roi Philippe II. Nous pensons être agréable à nos lecteurs en la reproduisant textuellement :

« La *suerte* de lance s'exécute de deux ma- manières : *face à face* et *à l'étrier.*

« Face à face, le cavalier se place de façon à piquer le taureau à gauche : celui-ci se jette du côté opposé ; le cavalier pèse sur le fer en faisant pivoter son cheval autour de la pointe, de telle sorte que le taureau passe devant la tête de sa monture.

« A l'étrier, le cavalier met son cheval obliquement par rapport à la tête du taureau ; le choc des deux adversaires a pour effet de les repousser vigoureusement chacun de leur côté.

« Le cavalier qui voudra courir une *lanzada* se pourvoira d'un fort cheval, solide des reins, haut sur jambes, et très froid ; il lui bandera les yeux et lui bourrera les oreilles de coton. Avant d'attaquer, il regardera si le taureau porte les cornes hautes ou basses, s'il frappe plus volontiers de l'une que de l'autre, s'il est lent ou prompt à se découvrir. Il lui suffira d'avoir vu une fois l'animal galoper dans l'arène, à la poursuite d'un homme ou d'un manteau, pour être fixé à cet égard. Sachant alors quelle espèce de taureau il doit combattre, il partira la lance en arrêt, plus ou moins haute et tenue plus ou moins près de la pointe suivant la manière dont la bête portera les cornes.

« La lance aura huit ou dix pieds de long ; elle sera en bois de frêne léger, mince et bien sec, durci au feu de la pointe à la moitié de la hampe, afin que cette partie, plus rigide que le reste, pénètre sans ployer et, par là même, profondément dans la blessure. Le fer sera long de quatre doigts, à arêtes tranchantes pour pouvoir glisser facilement à travers les chairs, ce qui n'aurait pas lieu avec un fer conique. Les arêtes tranchantes ont en outre l'avantage d'assurer la direction du coup.

« Avant de marcher au taureau, le cavalier examinera si l'animal est vieux ou jeune ; il guidera son cheval en conséquence. Les vieux taureaux lèvent la tête et regardent l'homme et sa monture : bientôt leur attitude devient menaçante, souvent ils font un pas ou deux vers l'ennemi pour voir s'il ne s'arrêtera pas ; ils frappent du pied le sol avec colère. — Si un taureau reste en place en baissant les oreilles comme un lièvre, le cavalier en conclut qu'il n'attaquera pas le premier. — Les jeunes taureaux, dès qu'ils aperçoivent l'adversaire, donnent des signes de fureur et le chargent presque immédiatement, sans s'arrêter à l'observer.

« Le cavalier se dirigera à pas comptés vers le taureau, la cape sur l'épaule. Dès que la bête l'aura vu, il prendra sa lance des mains d'un serviteur placé à hauteur de son étrier droit et la tiendra en arrêt, jusqu'à ce que le taureau s'enferre et rompe le bois. En aucun cas il ne devra la lâcher avant qu'elle ne soit brisée, quand bien même il serait désarçonné »

Toutes les inventions humaines se modifient avec les mœurs et le tempérament des peuples : partageant la destinée commune, la *suerte de alancear* subit une transformation complète, ou pour mieux dire fut remplacée par une *suerte* nouvelle dans le cours du XVII° siècle. La lance pesante des chevaliers du moyen âge était devenue trop lourde pour leurs successeurs dégénérés ; ceux-ci, gens adroits et subtils, inventèrent le *rejon* ou demi-lance ; l'arme des temps héroïques disparut pour toujours de l'arène, tandis que la *suerte* primitive s'enrichissait de nombreuses innovations.

La *suerte de rejonear* se pratique encore actuellement, mais elle n'est plus exécutée que dans les courses royales, et seulement par les *caballeros en plaza.*

Le *rejon* doit-être en bois flexible, cylindrique sur les deux tiers de sa longueur, s'élargissant en tronc de cône vers la poignée. La pointe est en fer de lance, à arêtes tranchantes. L'arme est généralement ornée d'enjolivures en papier de diverses couleurs ; elle porte une entaille à un mètre de l'extrémité supérieure, pour que le bois se rompe plus facilement à cet endroit. La longueur totale du *rejon* est d'un mètre et demi environ.

De nos jours il y a deux manières d'exécuter

le jeu de demi-lance : *de front* avec l'aide d'auxiliaires à pied, et *à cheval levé*, sans le secours de personne. Le cavalier qui veut employer cette dernière méthode se porte seul au milieu du cirque, à la rencontre de l'ennemi ; il décrit un arc de cercle plus ou moins tendu, selon le plus ou moins de jambes de sa monture, arc de cercle aboutissant au centre de la *suerte* ; là, il lance son cheval, pique et rompt son *rejoncillo* sur le *cerviguillo* du taureau, et continue le voyage. Pour opérer de front, le cavalier prêt à l'attaque, tenant le *rejon* par la partie inférieure avec la main droite, se dirige lentement vers le taureau et se place de façon à ce que le poitrail de son cheval se trouve vis-à-vis de la corne droite de son adversaire. Au moment où celui-ci prend son élan, un *torero* intelligent, posté près de l'étrier droit du cavalier, lui présente la *muleta* et le fait passer à sa gauche, laissant filer dans la direction opposée le *rejoneador*, qui a profité du moment où le taureau le rasait pour lui planter sa pique dans le *cerviguillo*, le plus haut possible, en la brisant en deux parties.

Jusqu'à la fin du siècle dernier, une coutume, ayant force de loi chez tous ceux qui se targuaient de vaillance et de gentilhommerie, défendait au cavalier figurant sur l'arène armé de la lance ou du *rejon*, de mettre pied à terre si ce n'est pour ramasser son chapeau, son gant, un étrier, ou quelque autre de ses ajustements. La chose lui était également permise lorsque son cheval, ou bien l'un de ses auxiliaires à pied était tué ou blessé. Quand un de ces incidents se produisait, il donnait lieu à la passe dite *engagement à pied*, dans laquelle, pour conquérir le droit de remonter à cheval, le chevalier *torero* devait tuer ou mettre en fuite le taureau sans autre aide qu'un manteau et son épée. Pour dépêcher la bête, il commençait par lui cacher la tête avec sa cape ; après quoi il l'embrochait en toute sécurité, non pas avec l'épée qu'il portait ordinairement au côté, mais avec une arme spéciale ressemblant beaucoup à notre *machete* moderne. Si le taureau refusait le combat singulier, les serviteurs à pied lui coupaient le jarret.

# CHAPITRE II

## LANZADA A PIED. — SUERTE DE PARCHES.

La *lanzada* à pied était très en faveur auprès
de nos ancêtres, à cause du sang-froid qu'elle
exigeait chez celui qui la pratiquait; aujour-
d'hui elle est tombée en désuétude. Montès la
décrit dans sa tauromachie : comme elle nous
paraît très faisable, nous lui consacrerons
nous aussi quelques lignes.

On prendra pour l'exécuter une lance de trois
mètres et demi à quatre mètres de long, dont
le bois aura trois pouces de diamètre et sera
assez fort pour résister au choc du taureau
sans ployer ni briser. Le fer sera long d'une
main, épais et large en proportion.

Le *diestro* se placera à six mètres environ de
la porte du *toril*, le genou droit à terre, le talon
de la lance reposant dans un trou pratiqué à
cet effet dans le sol, avec lequel elle devra faire
un angle suffisant pour que la pointe se trouve
à hauteur du front du taureau. Tout le mérite
de la *suerte* consiste à tenir l'arme de façon à ce

que l'animal vienne s'enferrer lui-même. Si la chose n'a pas lieu et que le taureau charge l'homme, celui-ci se défendra avec le manteau.

Après une tentative infructueuse, on fera bien, croyons nous, de n'en pas risquer une seconde, car le taureau attaquerait avec plus de prudence et pourrait fort bien désarmer son adversaire, qui se trouverait alors dans une situation dangereuse.

Bien que plus récente que la *lanzada* à pied, la *suerte de parchear*\* a comme elle disparu de nos cirques. Pourquoi ? Nous ne saurions le dire, car elle est fort jolie et d'une facilité égale à celle de nos *suertes* actuelles.

Les *parches* sont faits en grosse toile ou en papier de couleur ; ils sont enduits, sur une des faces, de résine ou autre matière analogue, et parfois ornés de rubans et de diverses enjolivures. On les porte étendus dans la main, le côté collant en dessus. La *suerte* s'exécute *al cuarteo, à media vuelta, al sesgo,* ou *al recorte.*

Les *parches* peuvent être appliqués aux taureaux par couples, mais la chose est difficile et dangereuse ; aussi n'en colle-t-on d'ordinaire qu'un à la fois, la main libre armée du manteau.

Règle générale : ne risquer la *suerte* qu'avec des *boyantes,* des *avantos* ou des *tuertos.*

---

\* Action de planter les *parches,* ou emplâtres. (N. du tr.)

Avant de *parchear*, le *diesiro* aura soin de fatiguer à fond les jambes du taureau. L'animal n'éprouvant dans cette *suerte* aucune souffrance capable de modifier son élan, l'homme devra, par précaution, sortir à toute vitesse. Dans la position de *cuadrado*, il collera son *parche* en passant la main par-dessus la nuque et entre les cornes du taureau, ou sous la corne droite, suivant qu'il voudra le fixer au front ou au mufle de la bête.

On se conformera, pour *parchear* suivant les deux méthodes ci-dessus expliquées, aux règles données relativement aux *banderillas*. Ne pas oublier que l'état de *levantado* est le mieux approprié au *cuarteo* et au *recorte*, et l'état de *parado* à la *media vuelta*. Le *sesgo* se fera seulement sur un taureau *aplomado*.

# CHAPITRE III

## MANIÈRES DE SÉPARER DU TROUPEAU OU DE RENVERSER LES TAUREAUX.

Les exercices dont nous allons parler dans le présent chapitre s'exécutent seulement en terrain ouvert ; ils sont pour les vrais *aficionados* une source de plaisirs incomparables.

Si brave que soit un taureau, il fuit toujours lorsqu'en rase campagne il voit un homme à cheval courir sur lui : le jeu de l'*acoso* est fondé sur cette particularité. Voici comment on l'exécute :

On entre dans le troupeau, on choisit un taureau, et on commence à le suivre à travers la foule des autres animaux en s'efforçant de l'isoler, ou tout au moins de le faire sortir du gros de la bande. Ce résultat obtenu, on marche droit à la bête, on la menace de la voix et de la *garrocha*. Le taureau prend aussitôt la fuite. On s'élance sur ses traces, en manœuvrant de façon à l'empêcher de rejoindre ses compagnons : s'il trouve le passage libre, il revient au troupeau avec la rapidité de la foudre.

Quelques taureaux, manquant de jambes ou doués d'un courage supérieur, font tête au cavalier : en pareil cas, ce dernier doit obliquer de façon à laisser passer l'animal avec lequel il est aux prises, et le poursuivre ensuite à toute bride dans la direction de la *querencia*.

L'*acoso*[1] trouverait un emploi utile dans le cirque, avec les taureaux lâches : en les pourchassant jusqu'à ce qu'ils soient *parados*, on les obligerait à se mettre en *suerte*. Avec des taureaux tant soit peu courageux, par exemple, la chose ne serait pas possible.

Le *derribo*[2] est une des plus jolies *suertes* à cheval. Comme l'*acoso*, il s'exécute généralement en terrain libre, mais il est bien des occasions où l'on pourrait le pratiquer avantageusement et brillamment sur l'arène.

On renverse les taureaux suivant quatre procédés différents : à la *falseta*, à la main, en violon, ou par la queue. Quelle que soit la méthode adoptée, on aura soin de se munir d'un cheval vigoureux et léger, parfaitement habitué au travail en question. Avec un cheval bien dressé, l'homme n'aura pour ainsi dire qu'à

---

[1] Action de séparer les taureaux du troupeau. (N. du tr.)

[2] Action de renverser les taureaux. (N. du trad.)

se laisser porter par sa monture, tandis qu'avec un mauvais cheval, le *derribador* le plus habile, l'écuyer le plus consommé ne fera rien de bon.

Il faut avoir soin d'exécuter la *suerte* au moment ou le taureau file à toute vitesse du côté de la *querencia*, car sa seule défense alors sera d'accélérer l'allure.

Quand on veut renverser un taureau à la *falseta*, on le laisse décrire une courbe d'une trentaine de vares¹, de façon à ce qu'il découvre la hanche droite vers laquelle on lance son cheval. A une quinzaine de vares du taureau, on met la lance en arrêt dans toute sa longueur, et, arrivé à portée, on le pique à la naissance de la queue, en pesant de toutes ses forces sur le bois jusqu'à ce que l'animal tombe. On a soin de bien serrer les genoux, afin de ne pas être désarçonné, et de passer derrière le taureau, de crainte que le cheval ne trébuche contre lui et pour pouvoir continuer plus facilement la poursuite, au cas où le fugitif ne tomberait pas.

A la main, on commence le mouvement comme à la *falseta*, mais en prenant la gauche du taureau. Si l'animal fait tête avant d'avoir

¹ Mesure de longueur valant un peu moins d'un mètre. (N. du tr.)

été piqué à l'endroit voulu, le cavalier, pour se
tirer d'une position aussi critique, redresse son
cheval dans la *rectitud* de son adversaire, auquel
il présente la pointe de sa *garrocha*.

Le cavalier attaquant *de violin* aborde le
taureau de la même manière qu'à la *falseta*,
seulement il passe sa lance du côté gauche de
l'encolure de son cheval et garde cette position
jusqu'à la fin de la *suerte*. Gêné dans le maniement des rênes par la *garrocha* qui porte
sur elles comme l'archet sur les cordes d'un
violon, il a besoin de beaucoup d'attention pour
ne pas se trouver pris dans *l'embroque* ou faire
panache avec sa monture sur le corps du taureau, lorsque celui-ci se retourne ou bien tombe.

Enfin la dernière manière de *derribar* est
la suivante : le cavalier courant parallèlement
au taureau lui saisit la queue, et pique des deux
en la tirant vigoureusement à lui.

Des quatre procédés ci-dessus, la *falseta* est
le meilleur et le plus usité.

Jusqu'au moment de l'attaque, le cavalier
tient sa lance avec la main droite, en laissant
la partie supérieure s'appuyer sur le bras
gauche ; il évite ainsi de se fatiguer le bras
droit, ce qui nuirait à la précision de son coup
de pointe.

Les *acosadores* et *derribadores* amateurs qui,

én dehors de ceux qui courent les taureaux *pro pane lucrando*, jouissent de la plus grande réputation d'adresse sont :

## EN ANDALOUSIE :

Antonio Miura , Eduardo Miura , Felipe Murube, Anastasio Martin, Miguel Garcia, Guillermo Ochoteco, Agustin Arquellada, duc de San Lorenzo, José Luis Albareda, José Maria Vidal, José Silva, Fernando de la Concha y Sierra, Domingo Roza, Félix Roza, Manuel Dionisio Fernandez, Carlos Paul, Diego Fernandez, Sebastian Heredero, Pedro Manjon, Augusto Adalid, Luis Polera, José Calcaño.

## A MADRID :

Duc de Veraguas, Gregorio Goicorrotea, Manuel Sanchez Mira, Ignacio Pérez de Soto, Angel Zaldos, Pedro Zaldos, José Hidalgo, marquis de Bogaraya, Benjamin Arahal, marquis de Guadalest, José Pellico, marquis de Villalobar, José Garcia Cachena, Carlos Fornos, Protasio Gomez, Frederico Huesca, marquis de Castellones, José Hernandez, Pedro Colon, Antonio Rubin.

# CHAPITRE IV

MANIÈRES DE LACER — MANCORNER — EMBAR-
BER LES TAUREAUX.

Pour lacer les taureaux à cheval, on se sert
d'une mince corde de chanvre, longue de trente
à trente-cinq vares, appelée *cintero* ou *guinda-
leta*, qui porte à l'un des bouts un anneau.
L'autre bout, après avoir été engagé dans ledit
anneau de manière à former nœud coulant,
s'attache à la queue du cheval ou aux sangles ;
la corde, à l'exception de la partie avoisinant le
nœud, est rassemblée en paquet sur la croupe
à l'aide d'un lien assez faible pour rompre à la
première saccade. Le nœud se tient dans la
main, ou maintenu sur un bâton d'un mètre.

Le cavalier, dont le cheval court plus vite que
le taureau, vient se placer à côté de ce dernier
et lui lance le *lazo* sur les cornes. Il continue à
galoper avec lui, sans laisser sa monture se traverser, ce qui l'exposerait à être désarçonné à
la moindre secousse donnée sur la corde. Si le
taureau fait tête, il l'attaque à cheval levé et lui
jette le nœud coulant au passage.

A pied, on peut lacer les taureaux par les cornes, ou par un pied de derrière au moment où ils le lèvent. Mais il faut agir par surprise et s'approcher de la victime qu'on a choisie au moment où elle est en *querencia*, mêlée au reste du troupeau, sans quoi elle ferait tête ou fuirait, solutions qui rendraient également inexécutable l'opération qu'on se propose.

Les *diestros* en renom, Manuel Dominguez et Manuel Hermosilla, sont passés maîtres dans l'art de lacer les taureaux à cheval, art qu'ils ont pratiqué dans les pampas de l'Amérique du Sud.

Quoique, théoriquement, la *suerte de mancornar* ne soit pas une *suerte* de plaza, on peut et doit l'exécuter en champ clos lorsque le taureau a embroché un *lidiador*, ou que quelque profane fourvoyé sur le *redondel* est menacé d'être atteint par la bête.

Si fort et si adroit que soit un homme, il ne saurait à lui tout seul maîtriser un taureau âgé de plus de trois ans; aussi les *vaqueros*, qui sont par métier les gens appelés le plus souvent à mancorner, se mettent-ils toujours trois ou quatre quand il s'agit de chercher noise à un animal de *forte tête*, pour employer leur expression. Voici le sommaire de la manœuvre:

Après avoir épuisé les forces du taureau par

des passes de cape exécutées à propos (résulta promptement obtenu quand on sait bien s'y prendre), le *torero*, au moment où la bête arrive sur lui, saisit la corne la plus proche avec la main correspondante et pèse dessus de tout son poids ; il fait demi-tour en pivotant sur l'avant-bras, passe l'autre main par-desus le chignon et empoigne la deuxième corne. Un second homme se hâte d'opérer le même mouvement du côté opposé, tandis qu'un troisième prend le taureau par la queue. S'ils le jugent nécessaire, ils renversent l'animal, et l'un d'eux le maintient à terre en lui posant un pied sur le mufle.

Un seul homme suffit pour dompter un taureau peu énergique : il saisit la bête par les cornes et la renverse, en lui ramenant la tête vers l'épaule et en lui tordant l'encolure. Cette opération s'appelle *embarber*.

# APPENDICE

# CLASSIFICATION DES TAUREAUX D'APRÈS LEURS CORNES.

— — — —

| | |
|---|---|
| **Asti-Blanco.** | Taureau ayant les cornes blanches avec la pointe foncée. |
| **Astillado.** | La pointe de l'une ou des deux cornes brisée, la cassure irrégulière. |
| **Asti-Fino.** | Les cornes fines et lisses. |
| **Bizco.** | Une corne plus basse que l'autre, soit par différence réelle de longueur, soit parce qu'elle est plus contournée. |
| **Brocho.** | Les cornes un peu basses, sans être tombantes, avec les pointes rapprochées. |
| **Capacho.** | Les cornes écartées et un peu tombantes. |
| **Cornalon.** | Les cornes très longues et très fortes, mais tournées dans une bonne direction. |

| | |
|---|---|
| CORNI-ABIERTO. | Les cornes trop ouvertes. |
| CORNI-APRETADO. | Les cornes trop resserrées, surtout aux pointes. |
| CORNI-DELANTERO. | Les cornes plantées en avant du chignon et continuant dans cette direction. |
| CORNI-AVACADO. | Le contraire du précédent. |
| CORNI-CORTO. | Les cornes courtes. |
| CORNI-PASO. | La pointe des cornes tournée de côté. |
| CORNI-VUELTO. | La pointe des cornes tournée en arrière. |
| CUBETO. | Taureau ayant les cornes tellement tombantes, avec les pointes si rapprochées, qu'il ne peut s'en servir pour frapper. Les ani-maux de cette sorte sont exclus de toute course sérieuse. |
| DESPITORRADO. | Les cornes cassées en sifflet. |
| GACHO. | Les cornes modérément ouvertes, la pointe tournée en bas. |
| HORMIGON. | Taureau dont les cornes sont peu acérées, mais moins émoussées que celles des mogones. |

MOGON.

Taureau dont les cornes sont complètement émoussées. Les animaux de cette catégorie ne sont pas admis sur la plaza.

PLAYERO.

Ce nom s'applique d'une façon générale aux taureaux défectueusement cornés; quelques-uns le donnent seulement aux corni-abiertos.

VELETO.

Taureau à cornes longues et hautes.

---

# CLASSIFICATION DES TAUREAUX PAR ROBES.

| | |
|---|---|
| ALBAHIO. | Jaune très clair. |
| ALBARDADO. | Noir mal teint ou châtain, très clair sur les lombes. |
| ALDINEGRO. | Châtain ou couleur cendre, noir sous le ventre. |
| APAREJADO. | De deux couleurs, avec liste de six pouces au moins sur les lombes. |
| BARROSO. | Jaune sale. |
| BERRENDO. | De deux couleurs disposées par grandes taches : |
| — *en negro.* | *Berrendo* blanc et noir. |
| — *en castaño.* | Blanc et châtain. |
| — *en cardeno.* | Blanc et cendre. |
| — *alunerado.* | Avec taches de même dimension. |
| — *atigrado.* | Tigré en noir, châtain, ou gris cendre. |
| — *capirote.* | La tête et tout le cou d'une même couleur. |
| — *botinero.* | Avec la partie supérieure des membres blanche, et la partie inférieure de l'autre couleur. |

| | |
|---|---|
| — *calcétero*. | *Botinero* avec liste enta- mant la partie foncée. |
| BOCINERO ou JOCINERO. | Avec le mufle noir et le reste du corps, ou tout au moins le reste de la tête d'une autre couleur. |
| BRAGADO. | De toute couleur (sauf *be- rendo*), avec le ventre blanc. |
| CAPUCHINO. | Taureau ayant la tête d'une couleur et le corps d'une autre. (Ne pas confondre avec *capirote*). |
| CARDENO. | Couleur cendre. |
| CARETO. | Taureau ayant la tête blanche et le corps foncé, ou le contraire. |
| CASTANO. | Châtain. |
| — *verdugo*. | Châtain avec bandes plus foncées sur le corps. |
| — *salinero*. | Avec petites bandes blanches sur le corps, particulièrement vers l'arrière-train. |
| — *ojo de perdiz*. | Avec un cercle blanc autour des yeux. |
| — *ojinegro*. | Avec un cercle noir. |
| CHORREADO. | Taureaux de toute couleur |

|  |  |
|---|---|
|  | avec des bandes plus foncées allant des lombes au ventre. (Les taureaux noirs ou *berrendos* ne peuvent être *chorreados*). |
| ENSABANADO. | Avec les lombes, les côtes et les extrémités blanches. Un taureau *ensabanado* peut être *capirote* ou *capuchino*, mais s'il est *calcetero* ou *botinero* on le qualifie simplement *de berrendo*. |
| GIJON. | Châtain ardent. Cette appellation est très usitée dans le centre de l'Espagne ; elle tire son origine de l'ancienne ganaderia de D. José Gijon, près Madrid, dont les taureaux étaient presque tous de cette robe. |
| GIRON. | Taureau d'une seule couleur, ayant une seule tache blanche autre part qu'au ventre ou au front |
| JABONERO. | Blanc très salo. |
| LISTON. | Avec bande d'autre couleur que celle du reste |

du corps s'étendant sans interruption le long de la colonne vertébrale, et ne dépassant pas quatre doigts de large.

LOMBARDO.
Noir, châtain foncé sur les lombes.

LUCERO.
Châtain, noir ou cendre, avec marque blanche au chignon.

MEANO.
Taureau de robe foncée, excepté dans la région des organes de la génération. (Le taureau *bragado* a tout le ventre blanc).

MELENO.
Quadrupède de n'importe quelle couleur ayant sur le chignon une grande touffe de poils qui retombe sur le front.

MULATO.
Noir grisâtre.

NEGRO.
Noir.

— *azabache...*
Noir velouté et lustré.

— *zaino...*
Zain.

NEVADO.
Taureau de toute couleur, sauf *berrendo*, ayant sur la peau de petites taches blanches.

| | |
|---|---|
| OJALADO. | Avec un feston de deux pouces de large autour des yeux ; le feston de couleur autre que celle du corps. |
| RETINTO. | Châtain très foncé, avec le cou presque noir. |
| REBARBO. | Robe obscure, mufle blanc. |
| SARDO. | Taureau tâcheté de blanc, châtain et noir. |

# PRINCIPALES PLAZAS D'ESPAGNE ET NOMBRE DE SPECTATEURS QU'ELLES PEUVENT CONTENIR.

| | | | |
|---|---|---|---|
| Albaceta | 8000 | Cuenca | 5000 |
| Alcala de Hénares | 6000 | Ecija | 8000 |
| Alcala de Guadaira | 3000 | Gandia | 10000 |
| Algeciras | 9000 | Granada | 12000 |
| Alicante | 8000 | Guadalajara | 4000 |
| Almagro | 4000 | Huelva | 6000 |
| Almendralejo | 7000 | Huesca | 5000 |
| Alméria | 5000 | Isla de S. Fernando | 9000 |
| Antequera | 2000 | Jaca | 4000 |
| Aracena | 3000 | Jaen | 6000 |
| Aranjuez | 7000 | Jativa | 9000 |
| Barcelona | 10000 | Jerez de la Frontera | 9500 |
| Badajoz | 6000 | Linarès | 5000 |
| Baeza | 5000 | Logroño | 10000 |
| Béjar | 5000 | Llerena | 7500 |
| Benavente | 6000 | Madrid | 12500 |
| Bilbao | 7000 | Malaga | 12000 |
| Burgos | 9000 | Marchena | 5000 |
| Caceres | 8000 | Murcia | 7000 |
| Cadix | 11500 | Ocaña | 4500 |
| Calatayud | 9000 | Orihuela | 7000 |
| Cartagena | 5500 | Oviedo | 11000 |
| Castellon | 4000 | Palencia | 8000 |
| Ciudad-Real | 7000 | Palma de Mallorca | 8500 |
| Cordoba | 3600 | Pamplona | 11000 |
| Coruña | 4000 | | |

| | | | |
|---|---|---|---|
| Puerto de Sta-Maria........... | 12500 | Toledo.......... | 9000 |
| Ronda.......... | 8000 | Trujillo ......... | 10000 |
| Salamanca........ | 10000 | Tudela.......... | 8000 |
| Santiago......... | 9000 | Utiel........... | 7000 |
| Santander ....... | 7000 | Ubeda .......... | 8000 |
| San Sebastian.... | 8000 | Valencia......... | 16000 |
| Segovia.......... | 5000 | Valladolid ....... | 9000 |
| Sevilla ......... | 12000 | Vinaroz......... | 7000 |
| Sigüenza ........ | 5000 | Vitoria.......... | 17000 |
| Soria ........... | 2500 | Zafra .......... | 5000 |
| Talavera ........ | 4000 | Zalamea......... | 4500 |
| Teruel .......... | 5500 | Zamora.......... | 7000 |
| | | Zaragoza ........ | 9000 |

# LISTE PAR RANG D'ANCIENNETÉ DES MATADORES EXERÇANT ACTUELLEMENT, OU AYANT CESSÉ D'EXERCER LEUR PROFESSION DEPUIS PEU.

| | |
|---|---|
| Manuel Dominguez y Campos.. .. .. . | 1835 |
| Julian Casas (*Salamanquino*).... ...... | 1847 |
| Manuel Arjona Herrera (*Manolo*)... ... | 1848 |
| Cayetano Sanz y Posas........... ... ... | 1849 |
| Angel Lopez (*Regatero*)..... . .. ... | 1858 |
| Gonzalo Moro y Donaire.............. | 1858 |
| José Antonio Suarez................... | 1860 |
| Manuel Carmona y Luque (*Panadero*)... | 1861 |
| Manuel Fuentes y Rodriguez (*Bocanegra*). | 1862 |
| Antonio Carmona y Luque (*Gordito*).... | 1862 |
| Vincente Garcia Villaverde............ | 1864 |
| Rafael Molina y Sanchez (*Lagartijo*)..... | 1865 |
| Yacinto Machio y Martinez............ | 1865 |
| Francisco Arjona Reyes (*Currito*)....... | 1866 |
| Salvador Sanchez y Povedano (*Frascuelo*) | 1867 |
| José de Lara y Jiménez Chicorro........ | 1869 |
| José Jiraldez (*Jaqueta*)............... | 1869 |
| José Machio y Martinez.............. | 1870 |
| Angel Fernandez (*Valdemoro*).......... | 1872 |
| Francisco Diaz (*Paco de oro*)........... | 1872 |

Manuel Hermosilla Llanera ............ 1873

José Cineo (*Cirineo*)................... 1874

Manuel Carrion........................ 1874

José Sanchez del Campo (*Cara-ancha*).. 1874

Hipolito Sanchez Arjona. ........... ... 1875

Fernando Gomez y Garcia (*Gallito*)..... 1876

Felipe Garcia Benavente.............. 1876

Angel Pastor y Gomez................. 1876

Fracisco Sanchez y Povedano.......... 1877

José Martin (*Santera*)................. 1878

Juan Ruiz y Vargas (*Lagartija*).......... 1879

Manuel Molina y Sanchez.............. 1880

———

Notre traduction étant faite sur l'édition de 1880, la liste ci-dessus ne se trouve plus à jour. Nous avons sous les yeux un numéro de *La Lidia*, Revue tauromachique qui donne la liste des principaux espadas qui ont tué en Espagne dans le cours de 1890 ; on y verra les noms de plusieurs diestros ayant reçu l'alternativa depuis 1880 :

| Espadas : | taureaux tués : |
|---|---|
| Rafael Molina (*Lagartijo*)...... | 95 |
| Francisco Arjona Reyes(*Currito*). | 25 |
| Manuel Hermosilla............ | 18 |
| José Campos (*Cara-ancha*)...... | 50 |

| | |
|---|---|
| Angel Pastor................... | 30 |
| Valentin Martin............... | |
| Louis Mazzantini.............. | 73 |
| Gabriel Lopez (*Mateito*)... ..... | 3 |
| Antonio Ortega (*el Marinero*).... | 13 |
| Francisco Sanchez (*Frascuelo*)... | 18 |
| Manuel Garcia (*Espartero*)...... | 129 |
| José Centeno................... | 16 |
| Rafael Guerra (*Guerrita*)....... | 205 |
| Leandro Sanche (*Cacheta*)...... | 10 |
| Julio Aparici (*Fabrilo*)......... | 20 |
| Enrique Santos (*Tortero*)........ | 18 |
| Carlos Borrego (*Zocato*)..... ... | 10 |
| Rafael Bérajano (*Torerito*)... .. | 16 |
| Antonio Moreno (*Lagartijillo*).. | 52 |
| Juan Jimenez (*El Ecijano*)..... | |
| Antonio Arana (*Jarana*)........ | |

(Les trois derniers toreros ont reçu l'aternativa sur la plaza de Madrid : le premier de Frascuelo, le second de Guerrita, et le troisième de Mazzantini.)

Espadas non retirés de la profession n'ayant pris part à aucune course : Antonio Carmona, Jose Sura, Jose Macho, Juan Ruiz, Diego Prieto (*cualrodedos*).

Espadas sérieusement blessés : Fernando Gomez, Mazzantini, José Centeno, Rafaël Guerra, Julio Aparici, Carlos Borrego, Juan Jiménez, Antonio Moreno.

# VOCABULAIRE DES EXPRESSIONS TECHNIQUES EMPLOYÉES LE PLUS FRÉQUEMMENT DANS LE COURS DE CET OUVRAGE.

**Améliorer.** — Quand le diestro voit que le taureau s'efforce de lui couper la sortie, il fait un ou deux pas de côté pour assurer sa retraite : on dit alors qu'il améliore son terrain.

**Armer (s').** — Se mettre en position d'exécuter la suerte.

**Aplomado.** — Dernier état du taureau pendant la course : fatigué, il demeura en place et n'attaque plus sans y être expressément provoqué.

**Avanto.** — Taureau peu courageux.

**Blando.** — Taureau mou, sensible à la douleur.

**Boyante.** — Taureau franc à l'attaque et suivant bien le leurre.

**Bravucon** — Taureau un peu plus brave que l'avanto.

**Burriciego.** — Taureau à vue défectueuse.

**Centre (de la suerte).** — Voir le mot suerte.

**Cenirse.** — On dit que les taureaux *se cinen* lorsqu'ils s'arrêtent hésitants devant le leurre, ne sachant s'ils doivent fondre sur lui ou se dérober.

**Cerviguillo.** — Dessus du cou du taureau entre la nuque et le garrot.

**Descabellar.** — Frapper le taureau en arrière des cornes avec l'épée, pour l'achever.

**Derrote.** — Mouvement de tête que fait le taureau cherchant à désarmer le lidiador.

**De sentido.** — Taureau rusé.

**Duro.** — Taureau peu sensible à la douleur, qui répond à toute provocation.

**Embroque.** — *De près*, position du torero se trouvant à portée du coup de cornes du taureau ; — *de loin*, position de l'homme fuyant menacé par les cornes de la bête.

**Engano.** — Leurre.

**Faire pour l'homme.** — On dit que le taureau fait pour l'homme quand il accourt à l'appel de celui-ci et ne le quitte plus sans y être provoqué.

**Fausse sortie.** — Voyage du banderillero qui n'a pu réussir à planter sa paire.

**Garrocha.** — Perche de bois de hêtre d'environ trois mètres, armée d'un aiguillon triangulaire. Une cordelette formant bourrelet autour du fer l'empêche de pénétrer profondément dans les chairs.

**Jambes.** — Taureau de beaucoup de jambes, taureau agile ; — taureau manquant de jambes, taureau se fatiguant facilement et manquant de vitesse.

**Jurisdiccion.** — Limite où commence l'action offensive de l'homme et du taureau.

**Levantado.** — Etat du taureau sortant du toril : l'animal est ardent et attaque sans réfléchir.

**Passes de muleta.** — Voir *traslear*.

**Pegajoso.** — Taureau qui s'acharne sur l'adversaire.

**Parado.** — Deuxième état du taureau dans l'arène : la bête ne court plus follement ; ses attaques sont plus réfléchies.

**Parear.** — Planter une paire de banderillas.

**Quiebro.** — Tout mouvement de corps par lequel l'homme évite le coup de cornes.

**Quite.** — Passe de capa faite pour secourir un homme en danger.

**Rectitud.** — Prolongation de la ligne imaginaire passant entre les bipèdes latéraux du taureau, parallèlement à eux.

**Redondel.** — L'arène.

**Rematar.** — Cet infinitif exprime l'action du taureau poursuivant le lidiador jusqu'aux tablas.

**Revoltoso.** — Taureau plus énergique et plus leste que le boyanto.

**Seco.** — Taureau énergique, mais ne s'acharnant pas sur le même adversaire.

**Sencillo.** — Taureau sans malice.

**Sobresaliente.** — Banderillero aspirant au grade d'espada ; il remplace son chef en cas de besoin.

**Sortie.** — Action du banderillero quittant volontairement la suerte.

**Suerte** — Passe tauromachique ; — être en suerte, se préparer à exécuter la suerte ; — centre de suerte, limite commune des terrains de l'homme et du taureau. Le torero entre en suerte, la consomme, et en sort.

**Tendre la suerte.** — Baisser le manteau en le présentant au taureau.

**Terrain.** — Terrain du taureau, espace compris entre le point ou se trouve le taureau et le centre de l'arène ; — terrain de l'homme, espace compris entre le taureau et les tablas.

**Toreo.** — Art du torero.

**Trastear.** — Faire des passes de muleta.

**Vara.** — Voir *Garrocha*.

**Voyage.** — Course de l'homme ou du taureau dans la suerte.

# MARQUES ET COULEURS

## DES GANADERIAS LES PLUS CÉLÈBRES

ARRIBAS — GUILLENA — Rouge et noir.

BAÑUELOS, D. Julian — COL-MENAR VIEJO — Bleu et rouge.

BARRIONUEVO — CORDOBA Bleu foncé, blanc et rouge.

BENJUMEA — SEVILLE — Blanc et or.

BERTOLEZ — GUADALIX DE LA SIERRA — Bleu et blanc.

**CARRIQUIRI — MADRID —** Rouge et vert.

**CONCHA Y SIERRA — SEVILLE** — Blanc, gris et noir.

**GONZALES NANDIN —** SEVILLE — Jaune et écarlate.

**GOMEZ, D. Félix — COLMENAR VIEJO — Bleu** foncé et blanc.

**HERNANDEZ, D. Antonio — MADRID — Violet** foncé et blanc.

**LAFITTE Y CASTRO — SEVILLE** — Vert et blanc ou rouge et blanc.

**MIURA — SEVILLE — Vert** et noir.

**RIPAMILAN — EGEA DE LOS CABALLEROS — Rouge.**

SALTILLO, marquis de — SEVILLE — Bleu céleste et blanc.

J T TRES PALACIOS — TRUJILLO — Rouge et vert.

VERAGUAS, — Duc de MADRID — Rouge et blanc.

Viennent ensuite les *ganaderias* suivantes, dont l'auteur espagnol donne les marques et couleurs :

Aleas, Bañuelos (Julian), Breñon, Carrasco, Diaz, Elorz, Fernandez, Ferrer, Flores, Fontecilla, Fuentes, marquis de Gandul, Garcia Puente y Lopez, Garcia Rubio, Gil y Herrera, Gutierrez, Hernan, Hernandez (Justo), Linares, Lizaso, Lopez, Navarro, Maldonado, Maldonado (Leopoldo), Marquez, Martin (Anastasio), Martin (Juan Manuel), Martinez, Mazpule, Monge, Montalvo, Montoya y Artogosa, Moreno y Rodriguez, Morena, Nuñez de Prado, Palomino, comte de Patilla, Perez de la Concha, marquis de Salas, Salido, Schely, de Torres y Diez de la Cortina, del Val, Valdès, Valladares y Ordonez, marquis de Villavelviestre, Zambraño, Ziguri.

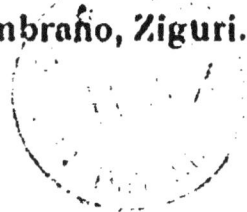

# TABLE DES MATIÈRES

---

# Livre deuxième

## Les Diestros.

# Livre troisième

## Des suertes du torero qui s'exécutent le plus fréquemment en champ clos.

# Appendice.

Vannes. — Imp. LAFOLYE. 2, place des Lices.

www.ingramcontent.com/pod-product-compliance
Lightning Source LLC
Chambersburg PA
CBHW070754270326
41927CB00010B/2139